HISTOIRE

DE MA VIE.

PARIS, TYPOGRAPHIE DE HENRI PLON,

RUE GARANCIÈRE, 8.

HISTOIRE
DE MA VIE

PAR

GEORGE SAND.

Charité envers les autres;
Dignité envers soi-même;
Sincérité devant Dieu.

Telle est l'épigraphe du livre que j'entreprends.

15 avril 1847.

GEORGE SAND.

TOME QUATORZIÈME

PARIS
VICTOR LECOU, ÉDITEUR,
RUE DU BOULOI, 10.
1855

TROISIÈME PARTIE.

(SUITE.)

CHAPITRE DIX-SEPTIÈME.

(Suite.)

Luttes contre le sommeil. — Premières lectures sérieuses. — Le *Génie du christianisme* et l'*Imitation de Jésus-Christ*. — La vérité absolue, la vérité relative. — Scrupules de conscience. — Hésitation entre le développement et l'abrutissement de l'esprit. — Solution. — L'abbé de Prémord. — Mon opinion sur l'esprit des jésuites. — Lectures métaphysiques. — La guerre des Grecs. — Deschartres prend parti pour le Grand Turc. — Leibnitz. — Grande impuissance de mon cerveau : victoire de mon cœur. — Relâchement dans les pratiques de la dévotion, avec un redoublement de foi. — Les églises de campagne et de province. — Jean-Jacques Rousseau, le *Contrat social.*

J'avais eu d'abord à lutter contre le sommeil, et je puisais sans cesse dans la tabatière de ma bonne maman pour ne pas succomber à l'atmosphère sombre et tiède de sa chambre. Je pris aussi beaucoup de café noir sans sucre, et même de

l'eau-de-vie quelquefois, pour ne
pas m'endormir quand elle voulait
causer toute la nuit; car il lui arrivait de temps en temps de prendre
la nuit pour le jour, et de se fâ-
cher de l'obscurité et du silence où
nous voulions, disait-elle, la tenir.
Julie et Deschartres essayèrent quelquefois d'ouvrir les fenêtres, pour lui
montrer qu'il faisait nuit en effet.
Alors elle s'affligeait profondément,
disant qu'elle était bien sûre que
nous étions en plein midi, et qu'elle
devenait aveugle, puisqu'elle ne
voyait pas le soleil.

Nous pensâmes qu'il valait mieux
lui céder en toute chose et dé-
tourner surtout la tristesse. Nous

allumions donc beaucoup de bou-
gies derrière son lit et lui laissions
croire qu'elle voyait la clarté du
jour. Nous nous tenions éveillés
autour d'elle, et prêts à lui répondre quand, à tout moment, elle
sortait de sa somnolence pour nous
parler.

Les commencements de cette
existence bizarre me furent très-pé-
nibles. J'avais un impérieux besoin
du peu de sommeil que je m'étais
accordé précédemment. Je grandis-
sais encore. Mon développement,
contrarié par ce genre de vie, devenait une angoisse nerveuse indi-
cible. Les excitants, que j'abhorrais
comme antipathiques à ma tendance

calme, me causaient des maux d'es-
tomac et ne me réveillaient pas.

Mais la reprise de l'équitation
imposée par Deschartres m'ayant
fait en peu de jours une santé et
une force nouvelles, je pus veiller
et travailler sans stimulants comme
sans fatigue, et c'est alors seulement
que, sentant changer en moi mon
organisation physique, je trouvai
dans l'étude un plaisir et une facilité que je ne connaissais pas.

C'était mon confesseur, le curé
de la Châtre, qui m'avait prêté le
Génie du christianisme. Depuis six
semaines je n'avais pu me décider
à le rouvrir, l'ayant fermé sur une

page qui marquait une si vive douleur dans ma vie. Il me le rede-
manda. Je le priai d'attendre encore un peu, et me résolus à le
recommencer pour le lire en entier
avec réflexion, ainsi qu'il me le
recommandait.

Chose étrange, cette lecture destinée par mon confesseur à river
mon esprit au catholicisme, produisit en moi l'effet tout contraire de
m'en détacher pour jamais. Je dé-
vorai le livre, je l'aimai passionné-
ment, fond et forme, défauts et
qualités. Je le fermai persuadée que
mon âme avait grandi de cent cou-
dées; que cette lecture avait été
pour moi un second effet du *Tolle,*

lege de saint Augustin; que désormais j'avais acquis une force de
persuasion à toute épreuve, et que
non-seulement je pouvais tout lire,
mais encore que je devais étudier
tous les philosophes, tous les pro-
fanes, tous les hérétiques, avec la
douce certitude de trouver dans
leurs erreurs la confirmation et la
garantie de ma foi.

Un instant renouvelée dans mon
ardeur religieuse, que l'isolement et
la tristesse de ma situation avaient
beaucoup refroidie, je sentis ma
dévotion se redorer de tout le
prestige de la poésie romantique.
La foi ne se fit plus sentir comme

une passion aveugle, mais comme une lumière éclatante. Jean Gerson m'avait tenue longtemps sous la cloche, doucement pesante, de l'humilité d'esprit, de l'anéantissement de toute réflexion, de l'absorption en Dieu et du mépris pour la science humaine, avec un salutaire mélange de crainte de ma propre faiblesse. L'*Imitation de Jésus-Christ* n'était plus mon guide. Le saint des anciens jours perdait son influence; Chateaubriand, l'homme de sentiment et d'enthousiasme, devenait mon prêtre et mon initiateur. Je ne voyais pas le poëte sceptique, l'homme de la gloire mondaine, sous ce catholique dégénéré des temps modernes.

Ceci ne fut point ma faute, et je ne songeai pas à m'en confesser. Le confesseur lui-même avait mis le poison dans mes mains. Je m'en étais nourrie de confiance. L'abîme de l'examen était ouvert, et je devais y descendre, non, comme Dante, sur le *tard de la vie*, mais à la fleur de mes ans et dans toute la clarté de mon premier réveil.

Hélas! toi seul es logique, toi seul es réellement catholique, pécheur converti, assassin de Jean Huss, coupable et repentant Gerson! C'est toi qui as dit :

« Mon fils, ne vous laissez point » toucher par la beauté et la

» finesse des discours des hommes.
» Ne lisez jamais ma parole dans
» l'intention d'être plus habile ou
» plus sage. Vous profiterez plus
» à détruire le mal en vous-même
» qu'à approfondir des questions
» difficiles.

» Après beaucoup de lectures et
» de connaissances, il en faut tou-
» jours revenir à un seul principe :
» C'est moi *qui donne la science aux*
» *hommes*, et j'accorde aux petits
» une intelligence plus claire que
» les hommes n'en peuvent com-
» muniquer.

» Un temps viendra où Jésus-
» Christ, le maître des maîtres, le

» seigneur des anges, paraîtra pour
» entendre les leçons de tous les
» hommes, c'est-à-dire pour exa-
» miner la conscience de chacun.
» Alors, *la lampe à la main, il visi-*
» *tera les recoins de Jérusalem, et*
» *ce qui était caché dans les ténébres*
» *sera mis au jour,* et les raisonne-
» ments des hommes n'auront point
» de lieu.

» C'est moi qui élève un esprit
» humble, au point qu'il pénètre
» en un moment plus de secrets
» de la vérité éternelle, qu'un autre
» n'en apprendrait dans les écoles
» en dix années d'étude. — J'in-
» struis sans bruit de paroles, sans
» mélange d'opinions, sans faste

» d'honneur et sans agitation d'ar-
» guments...

» Mon fils, ne sois point curieux,
» et ne te charge point de soins
» inutiles.

» *Qu'est-ce que ceci ou cela vous*
» *regarde? Pour vous, suivez-moi!* »

» En effet, que vous importe que
» celui-ci soit de telle ou telle hu-
» meur? que celui-là agisse ou
» parle de telle ou telle manière?

» Vous n'avez point à répondre
» pour les autres. Vous rendrez
» compte pour vous-même. De quoi
» vous embarrassez-vous donc?

» Je connais tous les hommes;

» je vois tout ce qui se passe sous
» le soleil, et je sais l'état de cha-
» cun en particulier, ce qu'il pense,
» ce qu'il désire, à quoi tendent
» ses desseins...

» Ne vous mettez point en peine
» de choses qui sont une source
» de distractions et de grands obs-
» curcissements de cœur . . . .

» Apprenez à obéir, poussière
» que vous êtes! apprenez, terre et
» boue, à vous abaisser sous les
» pieds de tout le monde. . . . . .

» Demeure ferme et espère en
» moi, car que sont des paroles,
» sinon des paroles? Elles frappent

» l'air, mais elles ne blessent point
» la pierre. . . . .

» L'homme a pour ennemis *ceux*
» *de sa propre maison, et il ne faut*
» *point ajouter foi à ceux qui diront:*
» *Le Christ est ici, ou, il est là!* . .

» Ne te réjouis en aucune chose,
» mais dans le mépris de toi-même
» et dans l'accomplissement de ma
» seule volonté. . . . .

» Quitte-toi toi-même, et tu me
» trouveras. Demeure sans choix et
» sans propriété d'aucune chose, et
» tu gagneras ainsi beaucoup.

» Tu t'abandonneras ainsi tou-
» jours, à toute heure, dans les

» petites choses comme dans les
» grandes. Je n'excepte rien. Je
» veux, en tout, te trouver dégagé
» de tout.

» Quitte-toi, résigne-toi. Donne
» tout pour tout. Ne cherche rien,
» ne reprends rien, et tu me pos-
» séderas. Tu auras la liberté du
» cœur et les ténèbres ne t'offusque-
» ront plus.

» Que tes efforts, et tes prières,
» et tes désirs aient pour but de
» te dépouiller de toute propriété,
» et de suivre, nu, Jésus-Christ nu,
» de mourir à toi-même et de vivre
» éternellement à moi.. . . . . . .

» *Rougissez, Sidon, dit la mer!...*

» Rougissez donc, serviteurs pares-
» seux et plaintifs, de voir que les
» gens du monde sont plus ardents
» pour leur perte que vous ne
» l'êtes pour votre salut! »

Voilà, non pas le véritable esprit
de l'Évangile, mais la véritable loi
du prêtre, la vraie prescription de
l'Église orthodoxe : « Quitte-toi,
abîme-toi, méprise-toi; détruis ta
raison, confonds ton jugement; fuis
le bruit des paroles humaines.
Rampe, et fais-toi poussière sous
la loi du mystère divin; n'aime
rien, n'étudie rien, ne sache rien,
ne possède rien, ni dans tes mains
ni dans ton âme. Deviens une abstraction fondue et prosternée dans

XIV.   2

l'abstraction divine; méprise l'humanité, détruis la nature; fais de toi
une poignée de cendres, et tu seras
heureux. Pour avoir tout, il faut
tout quitter. » Ainsi se résume ce
livre à la fois sublime et stupide,
qui peut faire des saints, mais qui
ne fera jamais un homme.

J'ai dit sans aigreur et sans dé-
dain, j'espère, les délices de la dévotion contemplative. Je n'ai point
combattu en moi le souvenir tendre
et reconnaissant de l'éducation monastique. J'ai jugé le passé de mon
cœur avec mon cœur. Je chéris et
bénis encore les êtres qui m'ont
plongée dans ces extases par le
doux magnétisme de leur angélique

simplicité. On me pardonnera bien, par la suite, à quelque croyance qu'on appartienne, de me juger moi-même et d'analyser l'essence des choses dont on m'a nourrie.

Si on ne me le pardonnait pas, je n'en serais pas moins sincère. Ce livre n'est pas une protestation systématique. Dieu me garde d'altérer pour moi, par un parti pris d'avance, le charme de mes propres souvenirs; mais c'est l'histoire de ma vie, et, dans tout ce que j'en veux dire, je veux être vraie.

Je n'hésiterai donc pas à le dire : Le catholicisme de Jean Gerson est anti-évangélique, et, pris au pied

2.

de la lettre, c'est une doctrine d'a-
bominable égoïsme. Je m'en aperçus
le jour où je le comparai, non
avec le *Génie du christianisme*, qui
est un livre d'art, et nullement un
livre de doctrine, mais avec toutes
les pensées que ce livre d'art me
suggéra. Je sentis qu'il y avait une
lutte ouverte en moi, et complète,
entre l'esprit et le résultat de ces deux
lectures. D'un côté, l'annihilation absolue de l'intelligence et du cœur
en vue du salut personnel; de l'autre, le développement de l'esprit et
du sentiment, en vue de la religion
commune.

Je relus alors l'*Imitation* dans
l'exemplaire que m'avait donné Ma-

rie Alicia [1], et qui est encore là
sous mes yeux, avec le nom, écrit
de cette main chérie et vénérée. —
Je savais par cœur ce chef-d'œuvre
de forme et d'éloquente concision.
Il m'avait charmée et persuadée de
tous points; mais la logique est
puissante dans le cœur des enfants.
Ils ne connaissent pas le sophisme
et les capitulations de conscience.
L'*Imitation* est le livre du cloître par
excellence, c'est le code du tonsuré.
Il est mortel à l'âme de quiconque
n'a pas rompu avec la société des
hommes et les devoirs de la vie humaine. Aussi avais-je rompu, dans
mon âme et dans ma volonté, avec

[1] Traduction du jésuite Gonnelieu, 17 . . .

les devoirs de fille, de sœur, d'é-
pouse et de mère; je m'étais dévouée à l'éternelle solitude en
buvant à cette source de béate
personnalité.

En le relisant après le *Génie du
christianisme*, il me sembla entièrement nouveau, et je vis toutes les
conséquences terribles de son application dans la pratique de la vie.
Il me commandait d'oublier toute
affection terrestre, d'éteindre toute
pitié dans mon sein, de briser tous
les liens de la famille, de n'avoir
en vue que moi-même et de laisser
tous les autres au jugement de Dieu.
Je commençai à être effrayée et à
me repentir sérieusement d'avoir

marché entre la famille et le cloître
sans prendre un parti décisif. Trop
sensible au chagrin de mes parents
ou au besoin qu'ils pouvaient avoir
de moi, j'avais été irrésolue, crain-
tive. J'avais laissé mon zèle se refroidir, ma résolution vaciller et se
changer en un vague désir mêlé d'impuissants regrets. J'avais fait de nombreuses concessions à ma grand'-
mère, qui voulait me voir instruite
et lettrée. J'étais le serviteur *pares-
seux et plaintif, qui ne se veut point
dégager de toute affection charnelle et
de toute condescendance particulière.*
J'avais donc répudié la doctrine, à
partir du jour où, cédant aux ordres de mon directeur, j'étais devenue gaie, affectueuse, obligeante

avec mes compagnes, soumise et
dévouée envers mes parents. Tout
était coupable en moi, même mon
admiration pour sœur Hélène, même
mon amitié pour Marie Alicia, même
ma sollicitude pour ma grand'mère
infirme.... Tout était criminel dans
ma conscience et dans ma conduite,
— ou bien le livre, le divin livre
avait menti.

Pourquoi donc alors le docte et
savant abbé de Prémord, qui me
voulait aimante et charitable, pourquoi ma douce mère Alicia, qui
repoussait l'idée de ma vocation
religieuse, m'avaient-ils donné et
recommandé ce livre? Il y avait
là une inconséquence énorme; car,

sans m'amener à la pratique véritable de l'insensibilité pour les autres, le livre m'avait fait du mal. Il
m'avait tenue dans un juste milieu
entre l'inspiration céleste et les sol-
licitudes terrestres. Il m'avait empêchée d'embrasser avec franchise
les goûts de la vie domestique et
les aptitudes de la famille. Il m'a-
vait amenée à une morne révolte
intérieure, dont ma soumission pas
sive était la manifestation, trop
cruelle si elle eût été comprise!
J'avais trompé ma grand'mère par
le silence, quand elle croyait m'a-
voir convaincue. Et qui sait si ses
chagrins, ses susceptibilités, ses injus-
tices n'avaient pas rencontré en moi
une cause secrète qui les légitimait,

encore qu'elle l'ignorât? Elle avait
souvent trouvé mes caresses froides
et mes promesses évasives. Peut-être
avait-elle senti en moi, sans pouvoir
s'en rendre compte, un obstacle à la
sécurité de sa tendresse.

De plus en plus épouvantée par
mes réflexions, je m'affligeai profondément de la faiblesse de mon
caractère et de l'*obscurcissement* de
mon esprit, qui ne m'avaient pas
permis de suivre une route évidente
et droite. J'étais d'autant plus dé-
solée que je m'avisais de cela alors
qu'il était trop tard pour le réparer, et au lendemain du malheureux jour où ma grand'mère avait
perdu la faculté de comprendre

mon retour à ses idées sur mon
présent et mon avenir.

Tout était consommé maintenant;
qu'elle vécût infirme de corps et
d'âme pendant un an ou dix, ma
place assidue était bien marquée à
ses côtés ; mais pour la suite de
mon existence, il me fallait faire
un choix entre le ciel et la terre;
ou la manne d'ascétisme dont je
m'étais à moitié nourrie était un
aliment pernicieux dont il fallait à
tout jamais me débarrasser, ou bien
le livre avait raison, je devais re-
pousser l'art et la science, et la
poésie et le raisonnement, et l'amitié et la famille; passer les jours et
les nuits en extase et en prières

auprès de ma moribonde, et de là,
divorcer avec toutes choses et m'en-
voler vers les lieux saints pour ne
jamais redescendre dans le commerce de l'humanité.

Voici ce que Chateaubriand répondait à ma logique exaltée :

« Les défenseurs des chrétiens
» tombèrent (au dix-huitième siè-
» cle) dans une faute qui les avait
» déjà perdus. Ils ne s'aperçurent
» pas qu'il ne s'agissait plus de
» discuter tel ou tel dogme, puis-
» qu'on rejetait absolument les ba-
» ses. En partant de la mission de
» Jésus-Christ, et remontant de con-
» séquence en conséquence, ils éta-

» blissaient sans doute fort soli-
» dement les vérités de la foi;
» mais cette manière d'argumenter,
» bonne au dix-septième siècle,
» lorsque le fond n'était point
» contesté, ne valait plus rien de
» nos jours. Il fallait prendre la
» route contraire, passer de l'ef-
» fet à la cause, *ne pas prouver que*
» *le christianisme est excellent parce*
» *qu'il vient de Dieu, mais qu'il*
» *vient de Dieu parce qu'il est excel-*
» *lent.* . . . .
. . . .
» *Il fallait prouver* que, de toutes
» les religions qui ont jamais existé,
» la religion chrétienne est la plus
» poétique, la plus humaine, la
» plus favorable à la liberté, aux

» arts et aux lettres. ......On devait
» montrer qu'il n'y a rien de plus
» divin que sa morale; rien de
» plus aimable, de plus pompeux
» que ses dogmes, sa doctrine et
» son culte. On devait dire qu'elle
» favorise le génie, épure le goût,
» développe les passions vertueuses,
» donne de la vigueur à la pensée,
» .....qu'il n'y a point de honte à
» croire avec Newton et Bossuet,
» Pascal et Racine; enfin, il fallait
» appeler tous les enchantements de
» l'imagination et tous les intérêts
» du cœur au secours de cette
» même religion contre laquelle on
» les avait armés. . . . .

» Mais n'y a-t-il pas de danger

» à envisager la religion sous un
» jour parfaitement humain? Et
» pourquoi? Notre religion craint-
» elle la lumière? Une grande
» preuve de sa céleste origine, c'est
» qu'elle souffre l'examen le plus
» sévère et le plus minutieux de la
» raison. Veut-on qu'on nous fasse
» éternellement le reproche de ca-
» cher nos dogmes dans une nuit
» sainte, de peur qu'on en décou-
» vre la fausseté? Le christianisme
» sera-t-il moins vrai parce qu'il
» paraîtra plus beau? Bannissons
» une frayeur pusillanime. Par ex-
» cès de religion, ne laissons pas
» la religion périr. Nous ne som-
» mes plus dans le temps où il
» était bon de dire : *Croyez, et*

» *n'examinez pas.* On examinera
» malgré nous, et notre silence ti-
» mide, augmentant le triomphe
» des incrédules, diminuera le
» nombre des fidèles. »

On voit que la question était
bien nettement posée devant mes
yeux. D'une part, abrutir en soi-
même tout ce qui n'est pas la con-
templation immédiate de Dieu seul;
de l'autre, chercher autour de soi
et s'assimiler tout ce qui peut donner à l'âme des éléments de force
et de vie pour rendre gloire à
Dieu. L'alpha et l'oméga de la doctrine. « Soyons boue et poussière,
soyons flamme et lumière. — N'examinez rien si vous voulez croire. —

Pour tout croire, il faut tout examiner. » A qui entendre?

L'un de ces livres était-il complétement hérétique? Lequel? Tous
deux m'avaient été donnés par les
directeurs de ma conscience. Il y
avait donc deux vérités contradictoires dans le sein de l'Église? Chateaubriand proclamait la vérité relative. Gerson la déclarait absolue.

J'étais dans de grandes perplexités. Au galop de Colette, j'étais tout
Chateaubriand. A la clarté de ma
lampe, j'étais tout Gerson, et me
reprochais le soir mes pensées du
matin.

Une considération extérieure donna

la victoire au néo-chrétien. Ma
grand'mère avait été de nouveau,
pendant quelques jours, en danger
de mort. Je m'étais cruellement
tourmentée de l'idée qu'elle ne se
réconcilierait pas avec la religion et
mourrait sans sacrements; mais, bien
qu'elle eût été parfois en état de
m'entendre, je n'avais pas osé lui
dire un mot qui pût l'éclairer sur
son état et la faire condescendre à
mes désirs. Ma foi m'ordonnait cependant impérieusement cette tenta-
tive : mon cœur me l'interdisait
avec plus d'énergie encore.

J'eus d'affreuses angoisses à ce sujet, et tous mes scrupules et cas de
conscience du couvent me revinrent.

Après des nuits d'épouvante et des
jours de détresse, j'écrivis à l'abbé
de Prémord pour lui demander de
me dicter ma conduite et lui avouer
toutes les faiblesses de mon affection filiale. Loin de les condamner,
l'excellent homme les approuva :
« Vous avez mille fois bien agi,
» ma pauvre enfant, en gardant le
» silence, m'écrivait-il dans une
» longue lettre pleine de tolérance
» et de suavité. Dire à votre grand'-
» mère qu'elle était en danger,
» c'eût été la tuer. Prendre l'initia-
» tive dans l'affaire délicate de sa
» conversion, cela serait contraire
» au respect que vous lui devez.
» Une telle inconvenance eût été
» vivement sentie par elle, et l'eût

» peut-être éloignée sans retour
» des sacrements. Vous avez été
» bien inspirée de vous taire et de
» prier Dieu de l'assister directe-
» ment. *N'ayez jamais d'effroi quand*
» *c'est votre cœur qui vous conseille :*
» *le cœur ne peut pas tromper.*
» Priez toujours, espérez, et, quelle
» que soit la fin de votre pauvre
» grand'mère, comptez sur la sa-
» gesse et la miséricorde infinies.
» Tout votre devoir auprès d'elle
» est de continuer à l'entourer des
» plus tendres soins. En voyant
» votre amour, votre modestie, l'hu-
» milité et, si je puis parler ainsi,
» la *discrétion* de votre foi, elle
» voudra peut-être, pour vous ré-
» compenser, répondre à votre se-

» cret désir et faire acte de foi
» elle-même. Croyez à ce que je
» vous ai toujours dit : Faites ai-
» mer en vous la grâce divine.
» C'est la meilleure exhortation qui
» puisse sortir de nous. »

Ainsi l'aimable et vertueux vieillard transigeait aussi avec les af-
fections humaines. Il laissait percer
l'espoir du salut de ma grand'-
mère, dût-elle mourir sans ré-
conciliation officielle avec l'Église,
dût-elle mourir même sans y avoir
songé! Cet homme était un saint,
un vrai chrétien, dirai-je *quoique*
jésuite, ou *parce que* jésuite?

Soyons équitables. Au point de
vue politique, en tant que républi-

cains, nous haïssons ou redoutons
cette secte éprise de pouvoir et ja-
louse de domination. Je dis *secte*
en parlant des disciples de Loyola,
car c'est une secte, je le soutiens.
C'est une importante modification à
l'orthodoxie romaine. C'est une hérésie bien conditionnée. Elle ne s'est
jamais déclarée telle, voilà tout.
Elle a sapé et conquis la papauté
sans lui faire une guerre apparente;
mais elle s'est ri de son infaillibilité
tout en la déclarant souveraine.
Bien plus habile en cela que toutes
les autres hérésies, et partant, plus
puissante et plus durable.

Oui, l'abbé de Prémord était plus
chrétien que l'Église intolérante, et

il était hérétique parce qu'il était
jésuite. La doctrine de Loyola est
la boîte de Pandore. Elle contient
tous les maux et tous les biens.
Elle est une assise de progrès et
un abîme de destruction, une loi
de vie et de mort. Doctrine officielle, elle tue; doctrine cachée, elle
ressuscite ce qu'elle a tué.

Je l'appelle doctrine, qu'on ne
me chicane pas sur les mots, je
dirai esprit de corps, tendance d'institution, si l'on veut; son esprit do-
minant et agissant consiste surtout
à ouvrir à chacun la voie qui lui
est propre. C'est pour elle que la
vérité est souverainement relative, et
ce principe une fois admis dans le

secret des consciences, l'Église catholique est renversée.

Cette doctrine tant discutée, tant
décriée, tant signalée à l'horreur
des hommes de progrès, est encore dans l'Église la dernière arche
de la foi chrétienne. Derrière elle,
il n'y a que l'absolutisme aveugle
de la papauté. Elle est la seule religion praticable pour ceux qui ne
veulent pas rompre avec *Jésus—Christ
Dieu.* L'Église romaine est un grand
cloître où les devoirs de l'homme
en société sont inconciliables avec
la loi du salut. Qu'on supprime l'a-
mour et le mariage, l'héritage et
la famille, la loi du renoncement
catholique est parfaite. Son code

est l'œuvre du génie de la destruction; mais dès qu'elle admet une
autre société que la communauté
monastique, elle est un labyrinthe
de contradictions et d'inconséquen-
ces. Elle est forcée de se mentir à
elle-même et de permettre à chacun ce qu'elle défend à tous.

Alors, pour quiconque réfléchit,
la foi est ébranlée. Mais arrive le
jésuite, qui dit à l'âme troublée et
incertaine : « Va comme tu peux
et selon tes forces. La parole de
Jésus est éternellement accessible à
l'interprétation de la conscience
éclairée. Entre l'Église et toi, il
nous a envoyés pour lier ou délier.
Crois en nous, donne-toi à nous,

qui sommes une nouvelle église
dans l'Église : une église tolérée et
tolérante, une planche de salut entre la règle et le fait. Nous avons
découvert le seul moyen d'asseoir
sur une base quelconque la diffu-
sion et l'incertitude des croyances
humaines. Ayant bien reconnu l'impossibilité d'une vérité absolue dans
la pratique, nous avons découvert
la vérité applicable à tous les cas,
à tous les fidèles. Cette vérité, cette
base, c'est l'*intention*. L'intention est
tout, le fait n'est rien. Ce qui est
mal peut être bien, et réciproque-
ment, selon le but qu'on se pro-
pose. »

Ainsi Jésus avait parlé à ses

disciples dans la sincérité de son
cœur tout divin, quand il leur avait
dit : « L'esprit vivifie, la lettre tue.
Ne faites pas comme ces hypocrites
et ces stupides qui font consister
toute la religion dans les pratiques
du jeûne et de la pénitence extérieure. Lavez vos mains et repentez-
vous dans vos cœurs. »

Mais Jésus n'avait eu que des paroles de vie d'une extension immense. Le jour où la papauté et les
conciles s'étaient déclarés infaillibles
dans l'interprétation de cette parole,
ils l'avaient tuée, ils s'étaient substi-
tués à Jésus-Christ. Ils s'étaient
octroyé la divinité. Aussi, forcé-
ment entraînés à condamner au

feu, en ce monde et en l'autre, tout
ce qui se séparait de leur interprétation et des préceptes qui en dé-
coulent, ils avaient rompu avec le
vrai christianisme, brisé le pacte de
miséricorde infinie de la part de
Dieu, de tendresse fraternelle entre
tous les hommes, et substitué au
sentiment évangélique si humain et
si vaste le sentiment farouche et
despotique du moyen âge.

En principe, la doctrine des jésuites était donc, comme son nom
l'indique, un retour à l'esprit véritable de Jésus, une hérésie déguisée, par
conséquent, puisque l'Église a baptisé
ainsi toute protestation secrète ou
déclarée contre ses arrêts souverains.

Cette doctrine insinuante et péné-
trante avait tourné la difficulté de
concilier les arrêts de l'orthodoxie
avec l'esprit de l'Évangile. Elle
avait rajeuni les forces du prosélytisme en touchant le cœur et en
rassurant l'esprit, et tandis que
l'Église disait à tous : « Hors de
moi point de salut! » le jésuite
disait à chacun : « Quiconque fait
de son mieux et selon sa conscience sera sauvé. »

Dirai-je maintenant pourquoi Pascal eut raison de flétrir Escobar
et sa séquelle? C'est bien inutile;
tout le monde le sait et le sent
de reste : comment une doctrine
qui eût pu être si généreuse et si

bienfaisante est devenue, entre les mains de certains hommes, l'athéisme et la perfidie, ceci est de l'histoire réelle et rentre dans la triste fatalité des faits humains. Les pères de l'Église jésuitique espagnole ont du moins sur certains papes de Rome l'avantage pour nous de n'avoir pas été déclarés infaillibles par des pouvoirs absolus, ni reconnus pour tels par une notable portion du genre humain. Ce n'est jamais par les résultats historiques qu'il faut juger la pensée des institutions. A ce compte, il faudrait proscrire l'Évangile même, puisqu'en son nom tant de monstres ont triomphé, tant de victimes ont été immolées, tant de générations ont

passé courbées sous le joug de
l'esclavage. Le même suc, extrait à
doses inégales du sein d'une plante,
donne la vie ou la mort. Ainsi de
la doctrine des jésuites, ainsi de la
doctrine de Jésus lui-même.

L'*institut* des jésuites, car c'est
ainsi que s'intitula modestement
cette secte puissante, renfermait
donc implicitement ou explicitement
dans le principe une doctrine de
progrès et de liberté. Il serait facile
de le démontrer par des preuves,
mais ceci m'entraînerait trop loin,
et je ne fais point ici une controverse. Je résume une opinion et un
sentiment personnels, appuyés en moi
sur un ensemble de leçons, de con-

seils et de faits que je ne pourrai
pas tous dire (car si le confesseur
doit le secret au pénitent, le pénitent doit au confesseur, même au
delà de la tombe, le silence de la
loyauté sur certaines décisions qui
pourraient être mal interprétées);
mais cet ensemble d'expériences
personnelles me persuade que je ne
juge ni avec trop de partialité de
cœur, ni avec trop de sévérité de
conscience la pensée mère de cette
secte. Si on la juge dans le présent,
je sais comme tout le monde ce
qu'elle renferme désormais de dangers politiques et d'obstacles au progrès; mais si on la juge comme
pensée ayant servi de corps à un
ensemble de progrès, on ne peut

nier qu'elle n'ait fait faire de grands
pas à l'esprit humain et qu'elle
n'ait beaucoup souffert, au siècle
dernier, pour le principe de la
liberté intellectuelle et morale, de
la part des apôtres de la liberté
philosophique; mais ainsi va le
monde sous la loi déplorable d'un
malentendu perpétuel. Trop de be-
soins d'affranchissement se pressent
et s'encombrent sur la route de l'a-
venir, dans des moments donnés de
l'histoire des hommes; et qui voit
son but sans voir celui du tra-
vailleur qu'il coudoie, croit souvent
trouver un obstacle là où il eût
trouvé un secours.

Les jésuites se piquaient d'envi-

sager les trois faces de la perfec-
tion : religieuse, politique, sociale.
Ils se trompaient ; leur institut
même, par ses lois essentiellement
théocratiques et par son côté ésoté-
rique, ne pouvait affranchir l'intelligence qu'en liant le corps, la
conduite, les actions (*perinde ac ca-
daver*). Mais quelle doctrine a dégagé jusqu'ici le grand inconnu de
cette triple recherche?

Je demande pardon de cette di-
gression un peu longue. Avouer
de la prédilection pour les jésuites
est, au temps où nous vivons, une
affaire délicate. On risque fort,
quand on a ce courage, d'être
soupçonné de duplicité d'esprit.

J'avoue que je ne m'embarrasse guère d'un tel soupçon.

Entre l'*Imitation de Jésus-Christ* et le *Génie du christianisme*, je me trouvai donc dans de grandes perplexités, comme dans l'affaire de ma conduite chrétienne auprès de ma grand'mère philosophe. Dès qu'elle fut hors de danger, je demandai l'intervention du jésuite pour résoudre la difficulté nouvelle. Je me sentais attirée vers l'étude par une soif étrange, vers la poésie par un instinct passionné, vers l'examen par une foi superbe.

« Je crains que l'orgueil ne s'empare de moi, écrivais-je à l'abbé de

4.

Prémord. Il est encore temps pour
moi de revenir sur mes pas, d'oublier toutes ces pompes de l'esprit
dont ma grand'mère était avide,
mais dont elle ne jouira plus et
qu'elle ne songera plus à me demander. Ma mère y sera fort in-
différente. Aucun devoir immédiat
ne me pousse donc plus vers l'a-
bîme, si c'est, en effet, un abîme,
comme l'esprit d'A-Kempis[1] me le
crie dans l'oreille. Mon âme est
fatiguée et comme assoupie. Je vous

---

[1] Dans ce temps-là, je croyais, comme beaucoup d'autres, que Thomas A-Kempis était l'auteur
de l'*Imitation*. Les preuves invoquées par M. Henri
Martin sur la paternité légitime de Jean Gerson
m'ont semblé si concluantes, que je n'hésite pas
à m'y rendre.

demande la vérité. Si ce n'est
qu'une satisfaction à me refuser,
rien de plus facile que de renoncer
à l'étude; mais si c'est un devoir
envers Dieu, envers mes frères?....
Je crains ici, comme toujours, de
m'arrêter à quelque sottise. »

L'abbé de Prémord avait la gaieté
de sa force et de sa sérénité. Je
n'ai pas connu d'âme plus pure et
plus sûre d'elle-même. Il me répondit cette fois avec l'aimable enjouement qu'il avait coutume d'opposer
aux terreurs de ma conscience.

« Mon cher casuiste, me disait-il,
» si vous craignez l'orgueil, vous
» avez donc déjà de l'amour-propre?

» Allons, c'est un progrès sur vos
» *timeurs* accoutumées. Mais, en vé-
» rité, vous vous pressez beaucoup!
» A votre place, j'attendrais, pour
» m'examiner sur le chapitre de
» l'orgueil, que j'eusse déjà assez de
» savoir pour donner lieu à la ten-
» tation ; car, jusqu'ici, je crains
» bien qu'il n'y ait pas de quoi.
» Mais, tenez, j'ai tout à fait bonne
» idée de votre bon sens, et me
» persuade que quand vous aurez
» appris quelque chose, vous verrez
» d'autant mieux ce qui vous man-
» que pour savoir beaucoup. Lais-
» sez donc la crainte de l'orgueil
» aux imbéciles. La vanité, qu'est-
» ce que cela pour les cœurs fidèles?
» Ils ne savent ce que c'est. — Étu-

» diez, apprenez, lisez tout ce que
» votre grand'mère vous eût per-
» mis de lire. Vous m'avez écrit
» qu'elle vous avait indiqué dans sa
» bibliothèque tout ce qu'une jeune
» personne pure doit laisser de côté
» et n'ouvrir jamais. En vous disant
» cela, elle vous en a confié les
» clefs. J'en fais autant. J'ai en vous
» la plus entière confiance, et mieux
» fondée encore, moi qui sais le
» fond de votre cœur et de vos
» pensées. Ne vous faites pas si
» gros et si terribles tous ces es-
» prits forts et beaux-esprits man-
» geurs d'enfants. On peut aisément
» troubler les faibles en calomniant
» les *gens d'église;* mais peut-on
» calomnier Jésus et sa doctrine?

» Laissez passer toutes les invectives
» contre nous. Elles ne prouvent
» pas plus contre *lui* que ne prou-
» veraient nos fautes, si ce blâme
» était mérité. Lisez les poëtes. Tous
» sont religieux. Ne craignez pas les
» philosophes, tous sont impuissants
» contre la foi. Et si quelque doute,
» quelque peur s'élève dans votre
» esprit, fermez ces pauvres livres,
» relisez un ou deux versets de
» l'Évangile, et vous vous sentirez
» docteur à tous ces docteurs. »

Ainsi parlait ce vieillard exalté,
naïf et d'un esprit charmant, à une
pauvre fille de dix-sept ans, qui lui
avouait la faiblesse de son caractère
et l'ignorance de son esprit. Était-

ce bien prudent, pour un homme
qui se croyait parfaitement orthodoxe? Non certes; c'était bon, c'était
brave et généreux. Il me poussait
en avant comme l'enfant poltron à
qui l'on dit : Ce n'est rien, ce qui
t'effraye. Regarde et touche. C'est
une ombre, une vaine apparence,
un risible épouvantail. Et, en effet,
la meilleure manière de fortifier le
cœur et de rassurer l'esprit, c'est
d'enseigner le mépris du danger et
d'en donner l'exemple.

Mais ce procédé, si certain dans
le domaine de la réalité, est-il applicable aux choses abstraites? La
foi d'un néophyte peut - elle être

soumise ainsi d'emblée aux grandes
épreuves?

Mon vieux ami suivait avec moi
la méthode de son institution : il la
suivait avec candeur, car il n'est
rien de plus candide qu'un jésuite
né candide. On le développe dans
ce sens pour le bien, ou on l'ex-
ploite dans ce même sens pour le
mal, selon que la pensée de l'*ordre*
est dans la bonne ou dans la mauvaise voie de sa politique.

Il me voyait capable d'effusion
intellectuelle, mais entravée par une
grande rigidité de conscience, qui
pouvait me rejeter dans la voie
étroite du vieux catholicisme. Or,

dans la main du jésuite, tout être pensant est un instrument qu'il faut faire vibrer dans le concert qu'il dirige. L'esprit du corps suggère à ses meilleurs membres un grand fond de prosélytisme, qui chez les mauvais est vanité ardente, mais toujours collective. Un jésuite qui, rencontrant une âme douée de quelque vitalité, la laisserait s'étioler ou s'annihiler dans une quiétude stérile, aurait manqué à son devoir et à sa règle. Ainsi M. de Chateaubriand faisait peut-être à dessein, peut-être sans le savoir, l'affaire des jésuites, en appelant *les enchantements de l'esprit et les intérêts du cœur* au secours du christianisme. Il était hérétique, il était novateur, il était mondain;

il était confiant et hardi avec eux,
ou à leur exemple.

Après l'avoir lu avec entraînement, je savourai donc son livre
avec délices, rassurée enfin par
mon bon père et criant à mon
âme inquiète : En avant! en avant!
Et puis je me mis aux prises sans
façon avec Mably, Locke, Condillac,
Montesquieu, Bacon, Bossuet, Aris-
tote, Leibnitz, Pascal, Montaigne,
dont ma grand'mère elle-même m'a-
vait marqué les chapitres et les
feuillets à passer. Puis vinrent les
poëtes ou les moralistes : la Bruyère,
Pope, Milton, Dante, Virgile, Shakspeare, que sais-je? Le tout sans
ordre et sans méthode, comme ils

me tombèrent sous la main, et avec
une facilité d'intuition que je n'ai
jamais retrouvée depuis, et qui est
même en dehors de mon organisation lente à comprendre. La cervelle était jeune, la mémoire toujours fugitive, mais le sentiment
rapide et la volonté tendue. Tout
cela était à mes yeux une question
de vie et de mort, à savoir, si,
après avoir compris tout ce que je
pouvais me proposer à comprendre,
j'irais à la vie du monde ou à la
mort volontaire du cloître.

Il s'agit bien, pensais-je, d'éprouver ma vocation dans des bals et
des parures, comme on contraint
Élisa à le faire! moi qui déteste

ces choses par elles-mêmes, plus
j'aurai vu les amusements puérils
et supporté les fatigues du monde,
moins je serai sûre que c'est mon
zèle et non ma paresse qui me re-
jette dans la paix du monastère.
Mon épreuve n'est donc pas là. (En
ceci j'avais bien raison et ne me
trompais pas sur moi-même.) Elle
est dans l'examen de la vérité religieuse et morale. Si je résiste à
toutes les objections du siècle, sous
forme de raisonnement philosophique, ou sous forme d'imagination de poëte, je saurai que je suis
digne de me vouer à Dieu seul.

Si je voulais rendre compte de
l'impression de chaque lecture et en

dire les effets sur moi, j'entre-
prendrais là un livre de critique
qui pourrait faire bien des volumes;
mais qui les lirait en ce temps-ci?
Et ne mourrais-je pas avant de
l'avoir fini?

D'ailleurs, le souvenir de tout
cela n'est plus assez net en moi, et
je risquerais de mettre mes impres-
sions présentes dans mon récit du
passé. Je ferai donc grâce aux gens
pour qui j'écris des détails personnels de cette étrange éducation, et
j'en résumerai le résultat par épo-
ques successives.

Je lisais, dans les premiers temps,
avec l'audace de conviction que

m'avait suggérée mon bon abbé.
Armée de toutes pièces, je me dé-
fendais aussi vaillamment qu'il était
permis à mon ignorance. Et puis,
n'ayant pas de plan, entremêlant
dans mes lectures les croyants et
les opposants, je trouvais dans les
premiers le moyen de répondre
aux derniers. La métaphysique ne
m'embarrassait guère; je la comprenais fort peu, en ce sens qu'elle ne
concluait jamais rien pour moi.
Quand j'avais plié mon entende-
ment, docile comme la jeunesse, à
suivre les abstractions, je ne trouvais que vide ou incertitude dans les
conséquences. Mon esprit était et a
toujours été trop vulgaire et trop
peu porté aux recherches scientifi-

ques pour avoir besoin de demander à Dieu l'initiation de mon âme
aux grands mystères. J'étais un être
de sentiment, et le sentiment seul
tranchait pour moi les questions à
mon usage, qui, toute expérience
faite, devinrent bientôt les seules
questions à ma portée.

Je saluai donc respectueusement
les métaphysiciens; et tout ce que
je peux dire à ma louange, à propos d'eux, c'est que je m'abstins de
regarder comme vaine et ridicule
une science qui fatiguait trop mes
facultés. Je n'ai pas à me reprocher
d'avoir dit alors : « A quoi bon la
métaphysique? » J'ai été un peu
plus superbe quand, plus tard, j'y

XIV.   5

ai regardé davantage. Je me suis
réconciliée, plus tard encore, avec
elle, en voyant encore un peu mieux.
Et, en somme, je dis aujourd'hui
que c'est la recherche d'une vérité à
l'usage des grands esprits, et que,
n'étant pas de cette race, je n'en
ai pas grand besoin. Je trouve ce
qu'il me faut dans les religions et
les philosophies qui sont ses filles,
ses incarnations, si l'on veut.

Alors, comme aujourd'hui, mordant mieux à la philosophie, et surtout à la philosophie facile du dix-
huitième siècle, qui était encore celle
de mon temps, je ne me sentis
ébranlée par rien et par personne.
Mais Rousseau arriva, Rousseau,

l'homme de passion et de sentiment par excellence, et je fus enfin
entamée.

Étais-je encore catholique au moment où, après avoir réservé, comme
par instinct, Jean-Jacques pour la
bonne bouche, j'allais subir enfin le
charme de son raisonnement ému
et de sa logique ardente? Je ne le
pense pas. Tout en continuant à
pratiquer cette religion, tout en re-
fusant de rompre avec ses formules
commentées à ma guise, j'avais
quitté, sans m'en douter le moins
du monde, l'étroit sentier de sa
doctrine. J'avais brisé à mon insu,
mais irrévocablement, avec toutes
ses conséquences sociales et poli-

5.

tiques. L'esprit de l'Église n'était plus en moi : il n'y avait peut-être jamais été.

Les idées étaient en grande fermentation à cette époque. L'Italie et la Grèce combattaient pour leur liberté nationale. L'Église et la monarchie se prononçaient contre ces généreuses tentatives. Les journaux royalistes de ma grand'mère tonnaient contre l'insurrection, et l'esprit prêtre, qui eût dû embrasser la cause des chrétiens d'Orient, s'évertuait à prouver les droits de l'empire turc. Cette monstrueuse inconséquence, ce sacrifice de la religion à l'intérêt politique me révoltaient étrangement. L'esprit libéral deve-

naît pour moi synonyme de sentiment religieux. Je n'oublierai jamais,
je ne peux jamais oublier que l'élan
chrétien me poussa résolûment, pour
la première fois, dans le camp du
progrès, dont je ne devais plus
sortir.

Mais déjà, et depuis mon enfance, l'idéal religieux et l'idéal pratique avaient prononcé au fond de
mon cœur et fait sortir de mes
lèvres, aux oreilles effarouchées du
bon Deschartres, le mot sacré d'égalité. La liberté, je ne m'en souciais
guère alors, ne sachant ce que
c'était, et n'étant pas disposée à me
l'accorder plus tard à moi-même.
Du moins ce qu'on appelait la li-

berté civile ne me disait pas grand'-
chose. Je ne la comprenais pas sans
l'égalité absolue et la fraternité chrétienne. Il me semblait, et il me
semble encore, je l'avoue, que ce
mot de liberté placé dans la formule républicaine, en tête des deux
autres, aurait dû être à la fin, et
pouvait même être supprimé comme
un pléonasme.

Mais la liberté nationale, sans laquelle il n'est ni fraternité ni égalité à espérer, je la comprenais fort
bien, et la discuter équivalait pour
moi à la théorie du brigandage, à
la proclamation impie et farouche
du droit du plus fort.

Il ne fallait pas être un enfant bien merveilleusement doué, ni une jeune fille bien intelligente pour en venir là. Aussi étais-je confondue et révoltée de voir mon ami Deschartres, qui n'était dévot ni religieux en aucune façon, combattre à la fois la religion dans la question des Hellènes et la philosophie dans la question du progrès. Le péda-gogue n'avait qu'une idée, qu'une loi, qu'un besoin, qu'un instinct, l'autorité absolue en face de la sou-mission aveugle. Faire obéir à tout prix ceux qui *doivent* obéir, tel était son rêve; mais pourquoi les uns *devaient*-ils commander aux autres? Voilà à quoi lui, qui avait du sa-voir et de l'intelligence pratique, ne

répondait jamais que par des sen-
tences creuses et des lieux communs
pitoyables.

Nous avions des discussions co-
miques, car il n'y avait pas moyen
pour moi de les trouver sérieuses
avec un esprit si baroque et si têtu
sur certains points. Je me sentais
trop forte de ma conscience pour
être ébranlée et, par conséquent,
dépitée un instant par ses para-
doxes. Je me souviens qu'un jour,
dissertant avec feu sur le droit divin du sultan (je crois, Dieu me
pardonne, qu'il n'eût pas refusé la
sainte ampoule au Grand Turc,
tant il prenait à cœur la victoire
du *maître* sur les *écoliers* mutins), il

s'embarrassa le pied dans sa pan-
toufle et tomba tout de son long
sur le gazon, ce qui ne l'empêcha
pas d'achever sa phrase; après quoi
il dit fort gravement en s'essuyant
les genoux : « Je crois vraiment
que je suis tombé? — Ainsi tom-
bera l'empire ottoman, » lui répondis-je en riant de sa figure
préoccupée. Il prit le parti de rire
aussi, mais non sans un reste de
colère, et en me traitant de jaco-
bine, de régicide, de philhellène et
de bonapartiste, toutes injures sy-
nonymes dans son horreur pour la
contradiction.

Il était cependant pour moi
d'une bonté toute paternelle et ti-

rait une grande gloriole de mes
études, qu'il s'imaginait diriger encore parce qu'il en discutait l'effet.

Quand j'étais embarrassée de
rencontrer dans Leibnitz ou Des-
cartes les arguments mathématiques, lettres closes pour moi, mêlés
à la théologie et à la philosophie,
j'allais le trouver, et je le forçais
de me faire comprendre par des
analogies ces points inabordables.
Il y portait une grande adresse,
une grande clarté, une véritable intelligence de professeur. Après quoi,
voulant conclure pour ou contre le
livre, il battait la campagne et re-
tombait dans ses vieilles *rengaines*.

J'étais donc, en politique, tout à

fait hors du sein de l'Église, et ne
songeais pas du tout à m'en tour-
menter; car nos religieuses n'avaient
pas d'opinion sur les affaires de la
France et ne m'avaient jamais dit
que la religion commandât de
prendre parti pour ou contre quoi
que ce soit. Je n'avais rien vu, rien
lu, rien entendu dans les enseignements religieux qui me prescrivît,
dans cet ordre d'idées, de demander au spirituel l'appréciation du
temporel. Madame de Pontcarré,
très-passionnée légitimiste, très-enne-
mie des *doctrinaires* d'alors, qu'elle
traitait aussi de jacobins, m'avait
étonnée par son besoin d'identifier
la religion à la monarchie absolue.
M. de Chateaubriand, dans ses bro-

chures, que je lisais avidement,
identifiait aussi le trône et l'autel;
mais cela ne m'avait pas influencée
notablement. Chateaubriand me tou-
chait comme littérateur, et ne me
pénétrait pas comme chrétien. Son
œuvre, où j'avais passé à dessein
l'épisode de *René,* comme un hors-
d'œuvre à lire plus tard, ne me
plaisait déjà plus que comme initiation à la poésie des œuvres de
Dieu et des grands hommes.

Mably m'avait fort mécontentée.
Pour moi, c'était une déception per-
pétuelle que ces élans de franchise et
de générosité, arrêtés sans cesse par
le découragement en face de l'application. « A quoi bon ces beaux

principes, me disais-je, s'ils doivent
être étouffés par l'esprit de *modération?* Ce qui est vrai, ce qui est
juste doit être observé et appliqué
sans limites. »

J'avais l'ardeur intolérante de
mon âge. Je jetais le livre au beau
milieu de la chambre, ou au nez
de Deschartres, en lui disant que
cela était bon pour lui, et il me le
renvoyait de même, disant qu'il ne
voulait pas accepter un pareil
brouillon, un si dangereux révolu-
tionnaire.

Leibnitz me paraissait le plus
grand de tous; mais qu'il était dur
à avaler quand il s'élevait de trente
atmosphères au-dessus de moi! Je

me disais avec Fontenelle, en chan-
geant le point de départ de sa
phrase sceptique : « Si j'avais bien
pu le comprendre, *j'aurais vu le
bout des matières, ou qu'elles n'ont
point de bout!* »

« Et que m'importe, après tout,
disais-je, les *monades, les unités,
l'harmonie préétablie, et sacrosancta
Trinitas per nova inventa logica de-
fensa, les esprits qui peuvent dire*
MOI, *le carré des vitesses, la dyna-
mique, le rapport des sinus d'incidence
et de réfraction,* et tant d'autres
subtilités où il faut être à la fois
grand théologien et grand savant,
même pour s'y méprendre [1] »

---

[1] Fontenelle, *Éloge de Leibnitz.*

Je me mettais à rire aux éclats
toute seule de ma prétention à
vouloir profiter de ce que je n'entendais pas. Mais cette entraînante
préface de la *Théodicée*, qui résu-
mait si bien les idées de Chateaubriand et les sentiments de l'abbé
de Prémord sur l'utilité et même la
nécessité du savoir, venait me re-
lancer.

« La véritable piété, et même la
» véritable félicité, disait Leibnitz,
» consiste dans l'amour de Dieu,
» mais dans un amour éclairé, dont
» l'ardeur soit accompagnée de lu-
» mière. Cette espèce d'amour fait
» naître ce plaisir dans les bonnes
» actions qui, rapportant tout à

» Dieu, comme au centre, trans-
» porte l'humain au divin. — Il faut
» que les perfections de l'entende-
» ment donnent l'accomplissement à
» celles de la volonté. Les pratiques
» de la vertu, aussi bien que celles
» du vice, peuvent être l'effet d'une
» simple habitude; on peut y pren-
» dre goût; mais on ne saurait ai-
» mer Dieu sans en connaître les
» perfections. — Le croirait-on? des
» chrétiens se sont imaginé de pou-
» voir être dévots sans aimer le
» prochain, et pieux sans com-
» prendre Dieu! Plusieurs siècles se
» sont écoulés sans que le public
» se soit bien aperçu de ce défaut,
» et il y a encore de grands restes
» du règne des ténèbres.... Les an-

» ciennes erreurs de ceux qui ont
» accusé la Divinité, ou qui en ont
» fait un principe mauvais, ont été
» renouvelées de nos jours. On a
» eu recours à la puissance irrésis-
» tible de Dieu, quand il s'agissait
» plutôt de faire voir sa bonté su-
» prême, et on a employé un pou-
» voir despotique, lorsqu'on devait
» concevoir une puissance réglée
» par la plus parfaite sagesse. »

Quand je relisais cela, je me disais : « Allons, encore un peu de
courage! C'est si beau de voir cette
tête sublime se vouer à l'adoration!
Ce qu'elle a conçu et pris soin d'expliquer, n'aurais-je pas la conscience
de vouloir le comprendre? Mais il

me manque des éléments de science,
et Deschartres me persécute pour
que je laisse là ces grands résumés
pour entrer dans l'étude des détails.
Il veut m'enseigner la physique, la
géométrie, les mathématiques! —
Pourquoi pas, si cela est nécessaire
à la foi en Dieu et à l'amour du
prochain? Leibnitz met bien le doigt
sur ma plaie quand il dit qu'on peut
être fervent par habitude. Je suis
capable d'aller au sacrifice par la
paresse de l'âme; mais ce sacrifice,
Dieu ne le rejettera-t-il pas? »

J'allai prendre une ou deux leçons. « Continuez, me disait Deschartres. Vous comprenez! — Vous
croyez? lui répondais-je. — Certai-

nement, et tout est là. — Mais retenir? — Ça viendra. »

Et quand nous avions travaillé
quelques heures : « *Grand homme,*
lui disais-je (je l'appelais toujours
ainsi), vous me croirez si vous
voulez, mais cela me tue. C'est trop
long, le but est trop loin. Vous
avez beau me mâcher la besogne,
croyez bien que je n'ai pas la tête
faite comme vous. Je suis pressée
d'aimer Dieu, et s'il faut que je
pioche ainsi toute la vie pour arriver à me dire, sur mes vieux jours,
pourquoi et comment je dois l'aimer, je me consumerai en attendant, et j'aurai peut-être dévoré

6.

mon cœur aux dépens de ma cervelle.

— Il s'agit bien d'aimer Dieu! disait le naïf pédagogue. Aimez-le tant que vous voudrez, mais il vient là comme à propos de bottes!

— Ah! c'est que vous ne comprenez pas pourquoi je veux m'instruire.

— Bah! on s'instruit... pour s'instruire! répondait-il en levant les épaules.

— Justement, c'est ce que je ne veux pas faire. Allons, bonsoir, je vais écouter les rossignols. »

Et je m'en allais, non pas fati-

guée d'esprit (Deschartres démon-
trait trop bien pour irriter les fibres
du cerveau), mais accablée de cœur,
chercher à l'air libre de la nuit et
dans les délices de la rêverie la
vie qui m'était propre et que je
combattais en vain. Ce cœur avide
se révoltait dans l'inaction où le
laissait le travail sec de l'attention
et de la mémoire. Il ne voulait
s'instruire que par l'émotion, et je
trouvais dans la poésie des livres
d'imagination et dans celle de la
nature, se renouvelant et se com-
plétant l'une par l'autre, un inta-
rissable élément à cette émotion intérieure, à ce continuel transport
divin que j'avais goûtés au couvent
et qu'alors j'appelais la grâce.

Je dois donc dire que les poëtes et
les moralistes à formes éloquentes
ont agi en moi plus que les métaphysiciens et les philosophes profonds pour y conserver la foi religieuse.

Serai-je ingrate envers Leibnitz
pourtant, et dirai-je qu'il ne m'a
servi de rien, parce que je n'ai pas
tout compris et tout retenu? Non,
je mentirais. Il est certain que nous
profitons des choses dont nous ou-
blions la lettre, quand leur esprit
a passé en nous, même à petites
doses. On ne se souvient guère du
dîner de la veille, et pourtant il a
nourri notre corps. Si ma raison
s'embarrasse peu, encore à cette

heure, des systèmes contraires à
mon sentiment; si les fortes objections que soulève contre la Providence, à mes propres yeux, le spectacle du terrible dans la nature et
du mauvais dans l'humanité, sont
vaincues par un instant de rêverie
tendre; si, enfin, je sens mon cœur
plus fort que ma raison, pour me
donner foi en la sagesse et en la
bonté suprême de Dieu, ce n'est
peut-être pas uniquement au besoin
inné d'aimer et de croire que je dois
ce rassérénement et ces consolations.
J'ai assez compris de Leibnitz, sans
être capable d'argumenter de par sa
cience, pour savoir qu'il y a encore plus de bonnes raisons pour
garder la foi que pour la rejeter.

Ainsi, par ce coup d'œil rapide
et troublé que j'avais hasardé dans
le royaume des merveilles ardues,
j'avais à peu près rempli mon but
en apparence. Cette pauvre miette
d'instruction, que Deschartres trouvait surprenante de ma part, réali-
sait parfaitement la prédiction de
l'abbé, en m'apprenant que j'avais
tout à apprendre, et le démon de
l'orgueil, que l'Église présente toujours à ceux qui désirent s'instruire,
m'avait laissée bien tranquille, en
vérité. Comme je n'en ai jamais
beaucoup plus appris depuis, je peux
dire que j'attends encore sa visite,
et qu'à tous les compliments erro-
nés sur ma science et ma capacité,
je ris toujours intérieurement, en

me rappelant la plaisanterie de mon jésuite : *Peut-être que jusqu'à présent il n'y a pas sujet de craindre beaucoup cette tentation.*

Mais le peu que j'avais arraché au *règne des ténèbres* m'avait fortifiée dans la foi religieuse en général, dans le christianisme en particulier. Quant au catholicisme .... y avais-je songé ?

Pas le moins du monde. Je m'étais à peine doutée que Leibnitz fût protestant et Mably philosophe. Cela n'était pas entré pour moi dans la discussion intérieure. M'élevant au-dessus des formes de la religion, j'avais cherché à embrasser l'idée mère. J'allais à la messe et n'analysais pas encore le culte.

Cependant, en me le rappelant bien, je dois le dire, le culte me devenait lourd et malsain. J'y sentais refroidir ma piété. Ce n'était plus les pompes charmantes, les fleurs, les tableaux, la propreté, les doux chants de notre chapelle, et les profonds silences du soir, et l'édifiant spectacle des belles religieuses prosternées dans leurs stalles. Plus de recueillement, plus d'attendrissement, plus de prières du cœur possibles pour moi dans ces églises publiques où le culte est dépouillé de sa poésie et de son mystère.

J'allais tantôt à ma paroisse de

Saint-Chartier, tantôt à celle de la
Châtre. Au village, c'était la vue
des *bons saints* et des *bonnes dames*
de dévotion traditionnelle, horribles
fétiches qu'on eût dit destinés à ef-
frayer quelque horde sauvage; les
beuglements absurdes de chantres
inexpérimentés, qui faisaient en latin les plus grotesques calembours
de la meilleure foi du monde; et
les bonnes femmes qui s'endor-
maient sur leur chapelet en ron-
flant tout haut; et le vieux curé
qui jurait au beau milieu du prône
contre les indécences des chiens in-
troduits dans l'église. A la ville,
c'étaient les toilettes provinciales des
dames, leurs chuchotements, leurs
médisances et cancans apportés en

pleine église comme en un lieu des-
tiné à s'observer et à se diffamer
les unes les autres; c'était aussi la
laideur des idoles et les glapisse-
ments atroces des collégiens qu'on
laissait chanter la messe, et qui se
faisaient des niches tout le temps
qu'elle durait. Et puis tout ce tri-
potage de pain bénit et de gros
sous qui se fait pendant les offices,
les querelles des sacristains et des
enfants de chœur à propos d'un
cierge qui coule ou d'un encensoir
mal lancé. Tout ce dérangement,
tous ces incidents burlesques et le
défaut d'attention de chacun qui
empêchait celle de tous à la prière,
m'étaient odieux. Je ne voulais pas
songer à rompre avec les pratiques

obligatoires, mais j'étais enchantée
qu'un jour de pluie me forçât à
lire la messe dans ma chambre et
à prier seule à l'abri de ce grossier
concours de chrétiens pour rire.

Et puis, ces formules de prières
quotidiennes, qui n'avaient jamais été
de mon goût, me devenaient de
plus en plus insipides. M. de Prémord m'avait permis d'y substituer
les élans de mon âme quand je m'y
sentirais entraînée, et insensiblement
je les oubliais si bien, que je ne
priais plus que d'inspiration et par
improvisation libre. Ce n'était pas
trop catholique; mais on m'avait
laissée *composer* des prières au couvent. J'en avais fait circuler quel-

ques-unes en anglais et en français, qu'on avait trouvées si *fleuries*
qu'on les avait beaucoup goûtées.
Je les avais aussitôt dédaignées en
moi-même, ma conscience et mon
cœur décrétant que les mots ne
sont que des mots et qu'un élan
aussi passionné que celui de l'âme
à Dieu ne peut s'exprimer par aucune parole humaine. Toute formule était donc une règle que j'a-
doptais par esprit de pénitence et
qui finit par me sembler une cor-
vée abrutissante et mortelle pour
ma ferveur.

Voilà dans quelle situation j'étais
quand je lus l'*Émile*, la *Profession de
foi du vicaire savoyard*, les *Lettres*

de la montagne, le *Contrat social* et les discours.

La langue de Jean-Jacques et la forme de ses déductions s'emparèrent de moi comme une musique superbe éclairée d'un grand soleil. Je le comparais à Mozart; je comprenais tout! Quelle jouissance pour un écolier malhabile et tenace d'arriver enfin à ouvrir les yeux tout à fait et à ne plus trouver de nuages devant lui! Je devins, en politique, le disciple ardent de ce maître, et je le fus bien longtemps sans restrictions. Quant à la religion, il me parut le plus chrétien de tous les écrivains de son temps, et, faisant la part du siècle de croi-

sade philosophique où il avait vécu,
je lui pardonnai d'autant plus facilement d'avoir abjuré le catholicisme, qu'on lui en avait octroyé
les sacrements et le titre d'une manière irréligieuse bien faite pour
l'en dégoûter. Protestant né, rede-
venu protestant par le fait de circonstances justifiables, peut-être iné-
vitables, sa nationalité dans l'hérésie
ne me gênait pas plus que n'avait
fait celle de Leibnitz. Il y a plus,
j'aimais fort les protestants, parce
que, n'étant pas forcée de les admettre à la discussion du dogme
catholique, et me souvenant que
l'abbé de Prémord ne damnait personne et me permettait cette hérésie dans le silence de mon cœur,

je voyais en eux des gens sincères,
qui ne différaient de moi que par
des formes sans importance absolue
devant Dieu.

Jean-Jacques fut le point d'arrêt
de mes travaux d'esprit. A partir
de cette lecture enivrante, je m'a-
bandonnai aux poëtes et aux moralistes éloquents, sans plus de souci
de la philosophie transcendante. Je
ne lus pas Voltaire. Ma grand'mère
m'avait fait promettre de ne le
lire qu'à l'âge de trente ans. Je lui
ai tenu parole. Comme il était pour
elle ce que Jean-Jacques a été si
longtemps pour moi, l'apogée de
son admiration, elle pensait que je
devais être dans toute la force de

ma raison pour en goûter les conclusions. Quand je l'ai lu, je l'ai
beaucoup goûté, en effet, mais sans
en être modifiée en quoi que ce
soit. Il y a des natures qui ne
s'emparent jamais de certaines autres natures, quelque supérieures
qu'elles leur soient. Et cela ne tient
pas, comme on pourrait se l'imaginer, à des antipathies de caractère,
pas plus que l'influence entraînante
de certains génies ne tient à des
similitudes d'organisation chez ceux
qui la subissent. Je n'aime pas le
caractère privé de Jean-Jacques Rousseau; je ne pardonne à son injustice, à son ingratitude, à son
amour-propre malade, et à mille
autres choses bizarres, que par la

compassion que ses douleurs me causent. Ma grand'mère n'aimait pas les rancunes et les cruautés d'esprit de Voltaire, et faisait fort bien la part des égarements de sa dignité personnelle.

D'ailleurs, je ne tiens pas trop à voir les hommes à travers leurs livres, les hommes du passé surtout. Dans ma jeunesse, je les cherchais encore moins sous l'arche sainte de leurs écrits. J'avais un grand enthousiasme pour Chateaubriand, le seul vivant de mes maîtres d'alors. Je ne désirais pas du tout le voir, et ne l'ai vu dans la suite qu'à regret.

Pour mettre de l'ordre dans mes

7.

souvenirs, je devrais peut-être continuer le chapitre de mes lectures;
mais on risque fort d'ennuyer en
parlant trop longtemps de soi seul,
et j'aime mieux entremêler cet examen rétrospectif de moi-même de
quelques-unes des circonstances ex-
térieures qui s'y rattachent.

CHAPITRE DIX-HUITIÈME.

Aux plus beaux jours de l'été, ma grand'mère éprouva un mieux très-sensible et s'occupa même de reprendre ses correspondances, ses relations de famille et d'amitié. J'écrivais sous sa dictée des lettres aussi charmantes et aussi judicieu-

ses qu'elle les eût jamais faites. Elle
reçut ses amis, qui ne comprirent
pas qu'elle eût subi l'altération de
facultés dont nous nous étions tant
affligés et dont nous nous affligions
encore, Deschartres et moi. Elle
avait des heures où elle causait si
bien, qu'elle semblait être redevenue elle-même, et même plus bril-
lante et plus gracieuse encore que
par le passé.

Mais quand la nuit arrivait, peu
à peu la lumière faiblissait dans
cette lampe épuisée. Un grand
trouble se faisait sentir dans les
idées, ou une apathie plus ef-
frayante encore, et les nuits n'é-
taient pas toutes sans délire, un

délire inquiet, mélancolique et en-
fantin. Je ne pensais plus du tout
à lui demander de faire acte de
religion, bien que ma bonne Alicia
me conseillât de profiter de ce moment de santé pour l'amener sans
effroi à mes fins. Ses lettres me
troublaient et me ramenaient quelques scrupules de conscience; mais
elles n'eurent jamais le pouvoir de
me décider à rompre la glace.

Pourtant la glace fut rompue
d'une manière tout à fait impré-
vue. L'archevêque d'Arles en écrivit
à ma grand'mère, lui annonça sa
visite et arriva.

M. L*** de B***, longtemps évê-

que de S*** et nommé récemment
alors archevêque d'A*** *in partibus*,
ce qui équivalait à une belle siné-
cure de retraite, était mon oncle
par bâtardise. Il était né des amours
très-passionnées et très-divulguées
de mon grand-père Francueil et de
la célèbre madame d'Épinay. Ce
roman a été trahi par la publica-
tion, bien indiscrète et bien in-
convenante, d'une correspondance
charmante, mais trop peu voilée,
entre les deux amants.

Le bâtard, né au ***, nourri et
élevé au village ou à la ferme de
B***, reçut ces deux noms et fut
mis dans les ordres dès sa jeunesse.
Ma grand'mère le connut tout jeune

encore, lorsqu'elle épousa M. de Francueil, et veilla sur lui maternellement. Il n'était rien moins que dévot à cette époque; mais il le devint à la suite d'une maladie grave où les terreurs de l'enfer bouleversaient son esprit faible.

Il était étrange que le fils de deux êtres remarquablement intelligents fût à peu près stupide. Tel était cet excellent homme, qui, par compensation, n'avait pas un grain de malice dans sa balourdise. Comme il y a beaucoup de bêtes fort méchantes, il faut tenir compte de la bonté, qu'elle soit privée ou accompagnée d'intelligence.

Ce bon archevêque était le por-

trait frappant de sa mère, qui,
comme Jean-Jacques a pris soin de
nous le dire, et comme elle le proclame elle-même avec beaucoup de
coquetterie, était positivement laide;
mais elle était fort bien faite. J'ai
encore un des portraits qu'elle donna
à mon grand'père Ma bonne maman en a donné un autre à mon
cousin Villeneuve, où elle était re-
présentée en costume de naïade,
c'est-à-dire avec aussi peu de costume que possible.

Mais elle avait beaucoup de phy-
sionomie, dit-on, et fit toutes les
conquêtes qu'elle put souhaiter.
L'archevêque avait sa laideur toute
crue et pas plus d'expression qu'une

grenouille qui digère. Il était, avec
cela, ridiculement gras, gourmand
ou plutôt goinfre, car la gourman-
dise exige un certain discernement
qu'il n'avait pas; très-vif, très-rond
de manières, insupportablement gai,
quelque chagrin qu'on eût autour
de lui; intolérant en paroles, dé-
bonnaire en actions; grand diseur
de calembours et de calembredai-
nes monacales; vaniteux comme
une femme de ses toilettes d'appa-
rat, de son rang et de ses priviléges; cynique dans son besoin de
bien-être; bruyant, colère, évaporé,
bonnasse, ayant toujours faim ou
soif, ou envie de sommeiller, ou
envie de rire pour se désennuyer,
enfin le chrétien le plus sincère à

coup sûr, mais le plus impropre
au prosélytisme que l'on puisse
imaginer.

C'était justement le seul prêtre
qui pût amener ma grand'mère à
remplir les formalités catholiques,
parce qu'il était incapable de soutenir aucune discussion contre elle,
et ne l'essaya même pas.

« *Chère maman*, lui dit-il, résu-
mant sa lettre, sans préambule,
dès la première heure qu'il passa
auprès d'elle, vous savez pourquoi
je suis venu; je ne vous ai pas
prise *en traître* et n'irai pas *par
quatre chemins*. Je veux sauver votre
âme. Je sais bien que cela vous fait

rire; vous ne croyez pas que vous serez
damnée parce que vous n'aurez pas
fait ce que je vous demande; mais
moi, je le crois, et comme, grâce
à Dieu, vous voilà guérie, vous
pouvez bien me faire ce plaisir-là,
sans qu'il vous en coûte la plus
petite frayeur d'esprit. Je vous prie
donc, vous qui m'avez toujours
traité comme votre fils, d'être *bien
gentille et bien complaisante* pour
votre gros enfant. Vous savez que
je vous crains trop pour discuter
contre vous et vos beaux esprits
reliés en veau. Vous en savez beaucoup trop long pour moi; mais il
ne s'agit pas de ça; il s'agit de me
donner une grande marque d'amitié, et me voilà tout prêt à vous

la demander à genoux. Seulement
comme mon ventre me gênerait
fort, voilà votre petite-fille qui va
s'y mettre à ma place. »

Je restai stupéfaite d'un pareil
discours, et ma grand'mère se prit
à rire. L'archevêque me poussa à
ses pieds : « Allons donc, dit-il, je
crois que tu te fais prier pour m'ai-
der, toi! »

Alors ma grand'mère me regar-
dant agenouillée, passa du rire à
une émotion subite. Ses yeux se
remplirent de larmes, et elle me
dit en m'embrassant : « Eh bien!
tu me croiras donc damnée si je
te refuse? — Non! m'écriai-je im-

pétueusement, emportée par l'élan
d'une vérité intérieure plus forte
que tous les préjugés religieux;
non, non! Je suis à genoux pour
vous bénir et non pas pour vous
prêcher.

— En voilà une petite sotte! »
s'écria l'archevêque, et, me prenant
par le bras, il voulut me mettre à
la porte; mais ma grand'mère me
retint contre son cœur. « Laissez-
la, mon gros *Jean le blanc*, lui
dit-elle. Elle prêche mieux que
vous. Je te remercie, ma fille. Je
suis contente de toi, et pour te le
prouver, comme je sais qu'au fond
du cœur tu désires que je dise oui,

je dis oui. Êtes-vous content, *mon-seigneur?* »

Monseigneur lui baisa la main en pleurant d'aise. Il était véritablement touché de tant de douceur et de tendresse. Puis il frotta ses mains et se frappa sur la bedaine en disant : « Allons, voilà qui est enlevé! Il faut battre le fer pendant qu'il est chaud. Demain matin, votre vieux curé viendra vous confesser et vous administrer. Je me suis permis de l'inviter à déjeuner avec nous. Ce sera une affaire faite, et demain soir vous n'y penserez plus.

— C'est probable, » dit ma grand'mère avec malice.

Elle fut gaie tout le reste de la
journée. L'archevêque encore plus,
riant, batifolant en paroles, jouant
avec les gros chiens, répétant à sa-
tiété le proverbe *qu'un chien peut
bien regarder un évêque*, me gron-
dant un peu de l'avoir si mal aidé,
d'avoir failli *tout faire manquer*, et
nous mettre dans de beaux draps par
ma niaiserie; me reprochant de
n'avoir pas *pour deux sous* de courage, et disant que si l'on m'eût
laissée faire, *nous étions frais*.

J'étais navrée de voir aller ainsi
les choses. Il me semblait que *four-
rer* ainsi les sacrements à une personne qui n'y croyait pas et qui n'y
voyait qu'une condescendance en-

vers moi, c'était nous charger d'un
sacrilége. J'étais décidée à m'en expliquer avec ma grand'mère, car
de raisonner avec monseigneur, cela
faisait pitié.

Mais tout changea d'aspect en un
instant, grâce au grand esprit et
au tendre cœur de cette pauvre infirme, qui, le lendemain, était mou-
rante par le corps et comme res-
suscitée au moral.

Elle passa une très-mauvaise nuit,
pendant laquelle il me fut impossible de songer à autre chose qu'à
la soigner. Le lendemain matin, la
raison était nette et la volonté arrêtée. « Laisse-moi faire, dit-elle

dès les premiers mots que je lui
adressai : je crois qu'en effet je
vais mourir. Eh bien, je devine tes
scrupules. Je sais que si je meurs
sans faire ma paix avec ces gens-
là, ou tu te le reprocheras, ou ils
te le reprocheront. Je ne veux pas
mettre ton cœur aux prises avec ta
conscience, ou te laisser aux prises
avec tes amis. J'ai la certitude de
ne faire ni une lâcheté ni un men-
songe en adhérant à des pratiques
qui, à l'heure de quitter ceux
qu'on aime, ne sont pas d'un mauvais exemple. Aie l'esprit tranquille,
je sais ce que je fais. »

Pour la première fois depuis sa
maladie je la sentais redevenue la

grand'mère, le chef de famille capable de diriger les autres et par
conséquent elle-même. Je me renfer-
mai dans l'obéissance passive.

Deschartres lui trouva beaucoup
de fièvre et entra en fureur contre
l'archevêque. Il voulait le mettre à
la porte, et lui attribuait, probablement avec raison, la nouvelle
crise qui se produisait dans cette
existence chancelante.

Ma grand'mère l'apaisa et lui
dit même : « Je *veux* que vous
vous teniez tranquille, Deschartres. »

Le curé arriva, toujours ce même
vieux curé dont j'ai parlé et qu'elle
avait trouvé trop rustique pour

être mon confesseur. Elle n'en voulut pas d'autre, sentant combien elle le dominerait.

Je voulus sortir avec tout le monde pour les laisser ensemble. Elle m'ordonna de rester; puis s'adressant au curé :

« Asseyez-vous là, mon vieux ami, lui dit-elle. Vous voyez que je suis trop malade pour sortir de mon lit, et je veux que ma fille assiste à ma confession.

— C'est bien, c'est bien, ma chère dame, répondit le curé tout troublé et tout tremblant.

— Mets-toi à genoux pour moi,

ma fille, reprit ma grand'mère, et
prie pour moi, tes mains dans les
miennes. Je vais faire ma confession.
Ce n'est pas une plaisanterie. J'y ai
pensé. Il n'est pas mauvais de se
résumer en quittant ce monde, et
si je n'avais craint de froisser quelque usage, j'aurais voulu que tous
mes amis et tous mes serviteurs
fussent présents à cette récapitu-
lation publique de ma conscience.
Mais, après tout, la présence de ma
fille me suffit. Dites-moi les formules,
curé; je ne les connais pas, ou je
les ai oubliées. Quand ce sera fait,
je m'accuserai. »

Elle se conforma aux formules et
dit ensuite : « Je n'ai jamais ni fait

ni souhaité aucun mal à personne.
J'ai fait tout le bien que j'ai pu
faire. Je n'ai à confesser ni men-
songe, ni dureté, ni impiété d'aucune sorte. J'ai toujours cru en
Dieu. — Mais écoute ceci, ma fille :
je ne l'ai pas assez aimé. J'ai manqué de courage, voilà ma faute, et
depuis le jour où j'ai perdu mon
fils, je n'ai pu prendre sur moi de
le bénir et de l'invoquer en aucune
chose. Il m'a semblé trop cruel de
m'avoir frappée d'un coup au-dessus
de mes forces. Aujourd'hui qu'il
m'appelle, je le remercie et le prie
de me pardonner ma faiblesse. C'est
lui qui me l'avait donné, cet
enfant, c'est lui qui me l'a ôté,
mais qu'il me réunisse à lui, et je

vais l'aimer et le prier de toute
mon âme. »

Elle parlait d'une voix si douce
et avec un tel accent de tendresse
et de résignation, que je fus suffo-
quée de larmes et retrouvai toute
ma ferveur des meilleurs jours pour
prier avec elle.

Le vieux curé, attendri profondément, se leva et lui dit, avec une
grande onction et dans son parler
paysan, qui augmentait avec l'âge :
« Ma chère sœur, je serons tous
pardonnés, parce que le bon Dieu
nous aime, et sait bien que quand
je nous repentons, c'est que je l'ai-
mons. Je l'ai bien pleuré aussi, moi,

votre cher enfant, allez! et je vous
réponds ben qu'il est à la droite de
Dieu, et que vous y serez avecques
lui. Dites avec moi votre acte de
contrition, et je vas vous donner
l'absolution. »

Quand il eut prononcé l'absolution, elle lui ordonna de faire rentrer tout le monde, et me dit dans
l'intervalle : « Je ne crois pas que
ce brave homme ait eu le pouvoir
de me pardonner quoi que ce soit,
mais je reconnais que Dieu a ce
pouvoir, et j'espère qu'il a exaucé
nos bonnes intentions à tous trois. »

L'archevêque, Deschartres, tous
les domestiques de la maison et les

ouvriers de la ferme assistèrent à
son viatique; elle dirigea elle-même
la cérémonie, me fit placer à côté
d'elle et disposa les autres personnes
à son gré, suivant l'amitié qu'elle
leur portait. Elle interrompit plusieurs fois le curé pour lui dire à
demi-voix, car elle entendait fort
bien le latin, *je crois à cela*, ou *il
importe peu*. Elle était attentive à
toutes choses, et, conservant l'admirable netteté de son esprit et la
haute droiture de son caractère,
elle ne voulait pas acheter sa ré-
conciliation officielle au prix de la
moindre hypocrisie. Ces détails ne
furent pas compris de la plupart
des assistants. L'archevêque feignit
de ne pas y prendre garde, le curé

n'y tenait nullement. Il était là avec
son cœur et avait mis d'avance son
jugement de prêtre à la porte. Deschartres était fort troublé et irrité,
craignant de voir la malade succomber à la suite d'un si grand
effort moral. Moi seule j'étais attentive à toutes choses autant que ma
grand'mère, et, ne perdant aucune
de ses paroles, aucune de ses ex-
pressions de visage, je la vis avec
admiration résoudre le problème
de se soumettre à la religion de
son temps et de son pays sans
abandonner un instant ses convic-
tions intimes, et sans mentir en
rien à sa dignité personnelle.

Avant de recevoir l'hostie, elle

prit encore la parole et dit très-
haut : « Je veux mourir en paix ici
avec tout le monde. Si j'ai fait du
tort à quelqu'un, qu'il le dise, pour
que je le répare. Si je lui ai fait
de la peine, qu'il me le pardonne,
car je le regrette. »

Un sanglot d'affection et de bé-
nédiction lui répondit de toutes
parts. Elle fut administrée, puis de-
manda du repos et resta seule avec
moi.

Elle était épuisée et dormit jusqu'au soir. Quelques jours d'accablement fébrile succédèrent à cette
émotion. Puis les apparences de la
santé revinrent, et nous retrouvâmes

encore quelques semaines d'une sorte
de sécurité.

Cet événement de famille me fit
et me laissa une forte impression.
Ma grand'mère, bien qu'elle fût re-
tombée dans un demi-engourdisse-
ment de ses facultés, avait, par ce
jour de courage et de pleine raison,
repris, à mes yeux, toute l'importance de son rôle vis-à-vis de moi,
et je ne m'attribuais plus aucun
droit de juger sa conscience et sa
conduite. J'étais frappée d'un grand
respect en même temps que d'une
tendre gratitude pour l'intention
qu'elle avait eue de me complaire,
et il m'était impossible de ne pas
accepter de tous points sa manière

de se repentir et de se réconcilier
avec le ciel, comme digne, méritoire
et agréable à Dieu. Je récapitulais
toute la phase de sa vie dont
j'avais été le témoin et le but; j'y
trouvais, à l'égard de ma mère, de
ma sœur et de moi, quelques in-
justices irréfléchies ou involontaires,
toujours réparées par de grands efforts sur elle-même et par de vé-
ritables sacrifices; dans tout le reste,
une longanimité sage, une douceur
généreuse, une droiture parfaite, un
désintéressement, un mépris du men-
songe, une horreur du mal, une bien-
faisance, une assistance de cœur pour
tous, vraiment inépuisables, enfin les
plus admirables qualités, les vertus
chrétiennes les plus réelles.

Et ce qui couronnait cette noble
carrière, c'était précisément cette
faute dont elle avait voulu s'accuser
avant de mourir. C'était cette douleur immense, inconsolable, qu'elle
n'avait pu offrir à Dieu comme un
hommage de soumission, mais qui
ne l'avait pas empêchée de rester
grande et généreuse avec tous ses
semblables. Ah! qu'elles me sem-
blaient vénielles et pardonnables
maintenant, ces crises d'amertume,
ces paroles d'injustice, ces larmes
de jalousie qui m'avaient tant fait
souffrir dans mon plus jeune âge!
Comme je me sentais petite et personnelle, moi qui ne les avais pas
pardonnées sur l'heure! Avide de
bonheur, indignée de souffrir, lâche

dans mes muettes rancunes d'enfant, je n'avais pas compris ce que
souffrait cette mère désespérée, et
je m'étais comptée pour quelque
chose, quand j'aurais dû deviner
les profondes racines de son mal
et l'adoucir par un complet abandon de moi-même!

Mon cœur gagna beaucoup dans
ces repentirs. J'y noyai, dans des
larmes abondantes, l'orgueil de mes
résistances, et toute intolérance dé-
vote s'y dissipa pour jamais. Ce
cœur qui n'avait encore connu que
la passion dans l'amour filial et
dans l'amour divin s'ouvrit à des
tendresses inconnues; et, faisant sur
moi-même un retour aussi sérieux

que celui que j'avais fait au couvent,
lors de ma *conversion*, je sentis
toutes les puissances du sentiment
et de la raison me commander
l'humilité, non plus seulement
comme une vertu chrétienne, mais
comme une conséquence forcée de
l'équité naturelle.

Tout cela me faisait sentir d'autant plus vivement que la vérité
absolue n'était pas plus dans l'Église
que dans toute autre forme religieuse; qu'il y eût plus de vérité
relative, voilà tout ce que je pouvais lui accorder, et voilà pourquoi
je ne songeais pas encore à me séparer d'elle.

Les sacrements acceptés par ma

grand'mère n'avaient été qu'un com-
promis de conscience de la part de
l'archevêque, puisque l'archevêque,
faute de ces sacrements, l'eût damnée en pleurant, mais sans appel.
Que l'on observe et sache bien qu'il
n'était pas hypocrite, ce bon prélat.
Il ne s'agissait pas pour lui de faire
triompher l'Église devant des provinciaux ébahis; il était étranger à
la politique et croyait *dur comme
fer*, c'était son expression, à l'infaillibilité des papes et à la lettre des
conciles. Il aimait réellement ma
grand'mère; n'ayant pas connu d'autre mère, il la regardait comme la
sienne; il s'en allait disant : « Qu'elle
meure maintenant, ça m'est égal. Je
ne suis pas jeune, et je la rejoin-

drai bientôt. La vie n'est pas une si grosse affaire! mais je ne me serais jamais consolé de sa perte, si elle eût persisté dans l'*impénitence finale.* »

Je me permettais de le contredire. « Je vous jure, monseigneur, lui disais-je, qu'elle ne croit pas plus aujourd'hui qu'hier à l'*infaillibilité.* Ce qu'elle a fait est très-chrétien. Avec ou sans cela, elle eût été sauvée, mais ce n'est pas catholique, ou bien l'Église admet deux catholicismes, l'un qui s'abandonne à toutes ses prescriptions, l'autre qui fait ses réserves et proteste contre la lettre.

— Ah çà, mais tu deviens trèsergoteuse! s'écriait monseigneur marchant à grands pas, ou plutôt roulant comme une toupie à travers le jardin. Est-ce que, par hasard, tu donnes aussi dans le Voltaire? Cette chère maman est capable de t'avoir empestée de ces bavards-là! Voyons, que fais-tu? Comment vis-tu ici? Qu'est-ce que tu lis?

— En ce moment, monseigneur, je lis les Pères de l'Église, et j'y trouve beaucoup de points de vue contradictoires.

— Il n'y en a pas!

— Pardon, cher monseigneur! Les avez-vous lus?

— Qu'elle est bête! Ah çà, pourquoi lis-tu les Pères de l'Église? Il y a beaucoup de choses qu'une jeune personne peut lire; mais je suis sûr que tu fais l'esprit fort, et que tu te mêles de juger. C'est un ridicule, à ton âge!

— Il est pour moi seul, puisque je ne fais part à personne de mes réflexions.

— Oui, mais ça viendra. Prends-y garde. Tu étais dans le bon chemin quand tu as quitté le couvent; à présent tu *bats la breloque*. Tu montes à cheval, tu chantes de l'italien, tu tires le pistolet, à ce qu'on m'a dit! Il faut que je te

confesse. Fais ton examen de conscience pour demain. Je parie que
j'aurai à te laver la tête!

— Pardon, monseigneur, mais je
ne me confesserai point à vous.

— Pourquoi donc ça?

— Parce que nous ne nous en-
tendrions pas. Vous me passeriez
tout ce que je ne me passe point,
et me gronderiez de ce que je
considère comme innocent. Ou je
ne suis plus catholique, ou je le
suis autrement que vous.

— Qu'est-ce à dire, oison bridé?

— Je m'entends; mais ce n'est
pas vous qui résoudrez la question.

— Allons, allons, il faut que je te gronde..... Sache donc, malheureuse enfant..... Mais voilà l'heure du dîner, je te dirai cela après. J'ai une faim de chien. Dépêchons-nous de rentrer. »

Et après le dîner, il avait oublié de me prêcher. Il l'oublia jusqu'à la fin, et partit me laissant très-attachée à sa bonté, mais très-peu édifiée de son genre de piété, qui ne pouvait pas être le mien.

La veille de son départ, il fit une chose des plus bêtes. Il entra dans la bibliothèque et procéda à l'incendie de quelques livres et à la mutilation de plusieurs autres. Des-

chartres le trouva brûlant, coupant,
rognant, et se réjouissant fort de
son œuvre. Il l'arrêta avant que le
dommage fût considérable, le me-
naça d'aller avertir ma grand'mère
de ce dégât, et ne put lui arracher
des mains le fer et le feu qu'en
lui remontrant que cette bibliothèque était une propriété confiée à
sa garde, qu'il en était responsable,
et que, comme maire de la commune, il était d'ailleurs autorisé à
verbaliser même contre un archevêque dilapidateur. J'arrivai pour
mettre la paix; la scène était vive
et des plus grotesques.

Quelques jours après, j'allai à
confesse à mon curé de la Châtre,

qui était un homme de belles manières, assez instruit et en apparence
intelligent. Il me fit des questions
qui ne blessaient en rien la chas-
teté, mais qui, selon moi, blessaient
toute convenance et toute délica-
tesse. Je ne sais à quel cancan de
petite ville il avait ouvert l'oreille.
Il pensait que j'avais un commen-
cement d'amour pour quelqu'un et
voulait savoir de moi si la chose
était vraie. « Il n'en est rien, lui
répondis-je, je n'y ai même pas
songé. — Cependant, reprit-il, on
assure..... »

Je me levai du confessionnal sans
en écouter davantage et saisie d'une
indignation irrésistible. « Monsieur

le curé, lui dis-je, comme personne ne me force à venir me
confesser tous les mois, pas même
l'Église, qui ne me prescrit que les
sacrements annuels, je ne com-
prends pas que vous doutiez de
ma sincérité. Je vous ai dit que je
ne connaissais pas seulement par la
pensée le sentiment que vous
m'attribuez. C'était trop répondre
déjà. J'eusse dû vous dire que cela
ne vous regardait pas.

— Pardonnez-moi, reprit-il d'un
ton hautain, le confesseur doit interroger les pensées, car il en est
de confuses qui peuvent s'ignorer
elles-mêmes et nous égarer!

— Non! monsieur le curé, les

pensées qu'on ignore n'existent pas.
Celles qui sont confuses existent
déjà et peuvent être cependant si
pures, qu'elles n'exigent pas qu'on
s'en confesse. Vous devez croire ou
que je n'ai pas de pensées confuses, ou qu'elles ne causent aucun
trouble à ma conscience, puisque
avant votre interrogatoire je vous
avais dit la formule qui termine
la confession.

— Je suis fort aise, répliqua-t-il,
qu'il en soit ainsi. J'ai toujours été
édifié de vos confessions; mais vous
venez d'avoir un mouvement de
vivacité qui prend sa source dans
l'orgueil, et je vous engage à vous
en repentir et à vous en accuser

ici même, si vous voulez que je vous
donne l'absolution.

— Non! monsieur, lui répondis-je. Vous êtes dans votre tort, et
vous avez causé le mien, dont je
vous avoue n'être pas disposée à
me repentir dans ce moment-ci. »

Il se leva à son tour et me
parla avec beaucoup de sécheresse
et de colère. Je ne répondis rien.
Je le saluai et ne le revis jamais.
Je n'allai même plus à la messe à
sa paroisse.

A l'heure qu'il est, je ne sais
pas encore si j'eus tort ou raison
de rompre ainsi avec un très-hon-
nête homme et un très-bon prêtre.

Puisque j'étais chrétienne et croyais
devoir pratiquer encore le catholicisme, j'aurais dû, peut-être, accepter avec l'esprit d'humilité le soupçon qu'il m'exprimait. Cela ne me
fut point possible, et je ne sentis
aucun remords de ma fierté. Toute
la pureté de mon être se révoltait
contre une question indiscrète, im-
prudente et selon moi étrangère à
la religion. J'aurais tout au plus
compris les questions de l'amitié,
hors du confessionnal, dans l'abandon de la vie privée; mais cet
abandon n'existait pas entre lui et
moi. Je le connaissais fort peu, il
n'était pas très-vieux, et, en outre, il
ne m'était pas sympathique. Si j'a-
vais eu quelque chaste confidence à

faire, je ne voyais pas de raison
pour m'adresser à lui, qui n'était
pas mon directeur et mon père
spirituel. Il me semblait donc vouloir usurper sur moi une autorité
morale que je ne lui avais pas
donnée, et cet essai maladroit, au
beau milieu d'un sacrement où je
portais tant d'austérité d'esprit, me
révolta comme un sacrilége. Je
trouvai qu'il avait confondu la cu-
riosité de l'homme avec la fonction
du prêtre. D'ailleurs, l'abbé de Prémord, scrupuleux gardien de la
sainte ignorance des filles, m'avait
dit : *On ne doit point faire de questions, je n'en fais jamais*, et je ne
pouvais, je ne devais jamais avoir
foi en un autre prêtre que celui-là.

Il m'était impossible de songer à
me confesser à mon vieux curé de
Saint-Chartier. J'étais trop intime,
trop familière avec lui. J'avais trop
joué avec lui dans mon enfance. Je
lui avais fait trop de niches, et je
le sentais aussi incapable de me
diriger que je l'étais de m'accuser
à lui sérieusement. J'allais à sa
messe, en sortant je déjeunais avec
lui, il essuyait lui-même, bon gré,
mal gré, mes souliers crottés. J'étais
obligée de lui retenir le bras pour
l'empêcher de boire, parce qu'il me
ramenait en croupe sur sa jument.
Il me racontait ses peines de ménage, les colères de sa gouvernante;
je les grondais tous deux, tour à
tour, de leurs mauvais caractères.

XIV.   10

Il n'y avait pas moyen de changer
de pareilles relations, ne fût-ce
qu'une heure par mois, au tribunal
de la pénitence. Je savais, par mon
frère et par mes petites amies de
campagne, comment il écoutait la
confession. Il n'en entendait pas un
mot, et comme ces enfants espiè-
gles s'accusaient, par moquerie, des
plus grandes énormités, à toutes
choses il répondait : « Très-bien,
très-bien. Allons! est-ce bientôt
fini ? »

Je n'aurais pu me débarrasser de
ces souvenirs, et comme je sentais
bien la dévotion catholique me
quitter jour par jour, je ne voulais
pas m'exposer à la voir partir tout

d'un coup, malgré moi, sans me
sentir fondée par quelque raison
vraiment sérieuse à l'abjurer volontairement.

Je n'avais jamais fait maigre les
vendredis et samedis chez ma
grand'mère. Elle ne le voulait pas.
L'abbé de Prémord m'avait recommandé d'avance de me soumettre
à cette infraction à la règle. Ainsi
peu à peu j'arrivai à ne pratiquer
que la prière, et encore était-elle
presque toujours rédigée à ma guise.

Chose étrange ou naturelle, jamais je ne fus plus religieuse, plus
enthousiaste, plus absorbée en Dieu
qu'au milieu de ce relâchement

10.

absolu de ma ferveur pour le
culte. Des horizons nouveaux s'ou-
vraient devant moi. Ce que Leibnitz
m'avait annoncé, l'amour divin re-
doublé et ranimé par la foi mieux
éclairée, Jean-Jacques me l'avait fait
comprendre, et ma liberté d'esprit,
recouvrée par ma rupture avec le
prêtre, me le faisait sentir. J'éprouvai une grande sécurité, et de ce
jour les bases essentielles de la foi
furent inébranlablement posées dans
mon âme. Mes sympathies politiques, ou plutôt mes aspirations fra-
ternelles, me firent admettre, sans
hésitation et sans scrupule, que l'esprit de l'Église était dévié de la
bonne route et que je ne devais
pas le suivre sur la mauvaise. En-

fin, je m'arrêtai à ceci : que nulle
Église chrétienne n'avait le droit de
dire : Hors de moi, point de salut.

J'ai entendu depuis des catholiques soutenir, ce que je voulais
encore me persuader alors, à savoir :
que cette sentence ne ressortait pas
absolument des arrêts de l'Église
papale. Je pense qu'ils se trompaient, comme j'avais essayé de me
tromper moi-même. Mais en sup-
posant qu'ils eussent raison, il faudrait conclure qu'il n'y a pas, qu'il
n'y a jamais eu, qu'il ne pourra
jamais y avoir d'orthodoxie, ni là,
ni ailleurs. Du moment que Dieu
ne repousse les fidèles d'aucune

Église, le catholicisme n'existe plus.
Qu'il paraisse encore excellent à un
assez grand nombre d'esprits religieux, et qu'il soit décrété culte de
la majorité des Français, je n'y fais
aucune opposition de conscience;
mais s'il admet lui-même qu'il ne
damne pas les dissidents, il doit
admettre la discussion, et nul pouvoir humain ne peut légitimement
l'entraver, pourvu qu'elle soit sérieuse, tolérante, sincère et digne;
car toute calomnie est une persécution, toute injure est un attentat
contre lesquels les lois de tout pays
doivent une protection impartiale à
chacun et à tous.

Le jeune homme pour qui on

m'avait supposé de l'inclination était
un des ***. Je l'appellerai Claudius,
du premier nom qui me tombe
sous la main et que ne porte aucune personne à moi connue. Sa
famille était une des plus nobles
du pays et avait eu de la fortune.
L'éducation de dix enfants avait
achevé de ruiner les parents de
Claudius. Quelques-uns avaient en-
taché leur blason par de grands
désordres et une fin tragique. Trois
fils restaient. Des deux aînés, je
n'ai rien à dire qui ait rapport à
cette phase de mon existence philosophique et religieuse. Le seul
qui s'y soit trouvé mêlé indirecte-
ment, comme on l'a déjà vu, était
le plus jeune.

Il était d'une belle figure et ne
manquait ni de savoir, ni d'intelligence, ni d'esprit. Il se destinait aux
sciences, où il a eu depuis une certaine notoriété. Pauvre à cette époque, encore plus par le fait de
l'avarice sordide de sa mère que
par sa situation, il se destinait à
être médecin. De grandes privations
et beaucoup d'ardeur au travail
avaient ébranlé sa santé. On le
croyait phthisique. Il en a rap-
pelé : mais il est mort de maladie
dans la force de l'âge.

Deschartres, qui avait été lié avec
son père, et qui s'intéressait à un
gentilhomme étudiant, me l'avait
présenté et l'avait même engagé à

me donner quelques leçons de physique. Je m'occupais aussi d'ostéo-
logie, voulant apprendre un peu de
chirurgie, et d'anatomie par conséquent, pour seconder Deschartres,
au besoin, dans les opérations où
je pouvais être initiée, pour le
remplacer même dans le cas de
blessures peu graves. Il avait coupé
des bras, amputé des doigts, remis
des poignets, rafistolé des têtes fendues en ma présence et avec mon
aide. Il me trouvait très-adroite,
très-prompte et sachant vaincre la
douleur et le dégoût quand il le
fallait. De très-bonne heure il m'a-
vait habituée à retenir mes larmes
et à surmonter mes défaillances.
C'était un très-grand service qu'il

m'avait rendu que de me rendre
capable de rendre service aux autres.

Ce Claudius apporta des têtes,
des bras, des jambes dont Deschartres avait besoin pour me démontrer le point de départ. Il me les
faisait dessiner d'après nature (le
temps nous manqua pour aller plus
loin que la théorie de la charpente
osseuse). Un médecin de la Châtre
nous prêta même un squelette de
petite fille tout entier, qui resta
longtemps étendu sur ma commode;
et, à ce propos, je dois me rap-
peler et constater un effet de l'i-
magination qui prouve que toute
femmelette peut se vaincre.

Une nuit, je rêvai que mon squelette se levait et venait tirer les rideaux de mon lit. Je m'éveillai, et le voyant fort tranquille à la place où je l'avais mis, je me rendormis tranquillement.

Mais le rêve s'obstina, et cette petite fille desséchée se livra à tant d'extravagances qu'elle me devint insupportable. Je me levai et la mis à la porte, après quoi je dormis fort bien. Le lendemain elle recommença ses sottises; mais cette fois je me moquai d'elle, et elle prit le parti de rester sage, pendant tout le reste de l'hiver, sur ma commode.

Je reviens à Claudius. Il était

moins facétieux que mon squelette,
et je n'eus jamais avec lui, à cette
époque, que des conversations toutes pédagogiques. Il retourna à Paris, et, chargé par moi de m'en-
voyer une centaine de volumes, il
m'écrivit plusieurs fois pour me
donner des renseignements et me
demander mon goût sur le choix
des éditions. Je voulais avoir à moi
plusieurs ouvrages qui m'avaient été
prêtés, une série de poëtes que je
ne connaissais pas, et divers traités
élémentaires, je ne sais plus lesquels, dont Deschartres lui avait
donné la liste.

Je ne sais pas s'il chercha des
prétextes pour m'écrire plus sou-

vent que de besoin : il n'y parut
point jusqu'à une lettre très-sérieuse,
un peu pédante et pourtant assez
belle, qui, je m'en souviens, commençait ainsi : « Ame vraiment
philosophique, vous avez bien raison, mais vous êtes la vérité qui
tue. »

Je ne me souviens pas du reste,
mais je sais que j'en fus étonnée
et que je la montrai à Deschartres
en lui demandant, avec une naïveté
complète, pourquoi ces grands éloges
sur ma logique étaient mêlés d'une
sorte de reproche désespéré.

Deschartres n'était pas beaucoup
plus expert que moi sur ces ma-

tières. Il fut étonné aussi, lut, re-
lut, et me dit avec candeur : « Je
crois bien que cela veut être une
déclaration d'amour. Qu'est-ce que
vous avez donc écrit à ce garçon?

— Je ne m'en souviens déjà plus,
lui dis-je. Peut-être quelques lignes
sur la Bruyère, dont je suis coiffée
pour le moment. Cela lui sert de
prétexte pour revenir, comme vous
voyez, sur la conversation que nous
avons eue tous les trois à sa dernière visite.

— Oui, oui, j'y suis, dit Deschartres. Vous avez prononcé, de
par vos moralistes chagrins, de si
beaux anathèmes contre la société,

que je vous ai dit : « Quand on
voit les choses si en noir, il n'y a
qu'un parti à prendre, c'est de se
faire religieuse! Vous voyez à quelles
conséquences stupides cela mènerait
un esprit aussi absolu que le vôtre. »
Claudius s'est récrié. Vous avez parlé
de la vie de retraite et de renoncement d'une manière assez spécieuse,
et à présent ce jeune homme vous
dit que vous n'avez d'amour que
pour les choses abstraites et qu'il
en mourra de chagrin.

— Espérons que non, répondis-je,
mais je crois que vous vous trom-
pez. Il me dit plutôt que mon dé-
tachement des choses du monde est

contagieux, et qu'il tourne lui-même
au scepticisme à cet endroit-là. »

La lettre relue, nous nous con-
vainquîmes que ce n'était pas une
déclaration, mais au contraire une
adhésion à ma manière de voir, un
peu trop solennelle, et du ton d'un
homme qui se pose en philosophe
vainqueur des illusions de la vie.

En effet, Claudius m'écrivit d'autres lettres où il s'expliqua nettement sur la résolution qui s'était
faite en lui depuis qu'il me con-
naissait. J'étais à ses yeux un être
supérieur qui avait d'un mot tran-
ché toutes ses irrésolutions. Il n'y
avait de but que la science; la mé-

decine n'était qu'une branche se-
condaire; il voulait s'élever aux
idées transcendantes, n'avoir pas
d'autre passion, et demander aux
sciences exactes le but de la créa-
tion.

Ne cherchant plus de prétextes
pour m'écrire, il m'écrivit souvent.
Ses lettres avaient quelque valeur
par leur sincérité froide et tran-
chante. Deschartres trouva que ce
commerce d'esprit ne m'était pas
inutile, et rien ne lui sembla plus
naturel qu'une correspondance sérieuse entre deux jeunes gens qui
eussent pu fort bien être épris l'un
de l'autre, tout en se parlant de
Malebranche et consorts.

Il n'en fut pourtant rien. Claudius
était trop pédant pour ne pas trouver une sorte de satisfaction à ne
pas être amoureux en dépit de
l'occasion. J'étais trop étrangère à
tout sentiment de coquetterie et encore trop éloignée de la moindre
notion d'amour pour voir en lui
autre chose qu'un professeur.

Ma vie s'arrangeait en cela et en
plusieurs autres points pour une
marche indépendante de tous les
usages reçus dans le monde, et
Deschartres, loin de me retenir, me
poussait à ce qu'on appelle l'excen-
tricité, sans que ni lui ni moi en
eussions le moindre soupçon. Un
jour, il m'avait dit : « Je viens de

rendre visite au comte de ***, et j'ai
eu une belle surprise. Il chassait
avec un jeune garçon qu'à sa blouse
et à sa casquette j'allais traiter peu
cérémonieusement, quand il m'a dit :
« C'est ma fille. Je la fais habiller
ainsi en gamin pour qu'elle puisse
courir avec moi, grimper et sauter
sans être gênée par des vêtements
qui rendent les femmes impotentes
à l'âge où elles ont le plus besoin
de développer leurs forces. »

Ce comte de *** s'occupait, je
crois, d'idées médicales, et, à ses
yeux, ce travestissement était une
mesure d'hygiène excellente. Deschartres abondait dans son sens.
N'ayant jamais élevé que des gar-

11.

çons, je crois qu'il était pressé de
me voir en homme, afin de pouvoir se persuader que j'en étais un.
Mes jupes gênaient sa gravité de
cuistre; et il est certain que quand
j'eus suivi son conseil et adopté le
sarrau masculin, la casquette et
les guêtres, il devint dix fois plus
magister et m'écrasa sous son latin,
s'imaginant que je le comprenais
bien mieux.

Je trouvai, pour mon compte,
mon nouveau costume bien plus
agréable pour courir, que mes ju-
pons brodés qui restaient en mor-
ceaux accrochés à tous les buissons.
J'étais devenue maigre et alerte, et
il n'y avait pas si longtemps que

je ne portais plus mon *uniforme*
d'aide de camp de Murat, pour ne
plus m'en souvenir.

Il faut se souvenir aussi qu'à cette
époque les jupes sans plis étaient
si étroites, qu'une femme était littéralement comme dans un étui, et
ne pouvait franchir décemment un
ruisseau sans y laisser sa chaussure.

Deschartres avait la passion de la
chasse, et il m'y emmenait quelquefois à force d'obsessions. Cela m'ennuyait, justement à cause de la difficulté de traverser les buissons, qui
sont multipliés à l'infini et garnis
d'épines meurtrières dans nos cam-
pagnes. J'aimais seulement la chasse

aux cailles, avec le hallier et l'appeau,
dans les blés verts. Il me faisait lever
avant le jour. Couchée dans un sil-
lon, *j'appelais*, tandis qu'à l'autre ex-
trémité du champ il rabattait le
gibier. Nous rapportions tous les
matins huit ou dix cailles vivantes
à ma grand'mère, qui les admirait
et les plaignait beaucoup, mais qui,
ne se nourrissant que de menu gibier, m'empêchait de trop regretter
le destin de ces pauvres créatures
si jolies et si douces.

Deschartres, très-affectueux pour
moi et très-préoccupé de ma santé,
ne songeait plus à rien quand il
entendait glousser la caille auprès
de son filet. Je me laissais aussi

emporter un peu à cet amusement
sauvage de guetter et de saisir une
proie. Aussi mon rôle d'*appeleur*, con-
sistant à être couchée dans les blés
inondés de la rosée du matin, me
ramena les douleurs aiguës dans
tous les membres que j'avais res-
senties au couvent. Deschartres vit
qu'un jour je ne pouvais monter sur
mon cheval et qu'il fallait m'y porter.
Les premiers mouvements de ma
monture m'arrachaient des cris, et
ce n'était qu'après de vigoureux
temps de galop aux premières ardeurs du soleil que je me sentais
guérie. Il s'étonna un peu et con-
stata enfin que j'étais couverte de
rhumatismes. Ce lui fut une raison
de plus pour me prescrire les exer-

cices violents et l'habit masculin qui
me permettait de m'y livrer.

Ma grand'mère me vit ainsi et
pleura. « Tu ressembles trop à ton
père, me dit-elle. Habille-toi comme
cela pour courir, mais rhabille-toi
en femme en rentrant, pour que je
ne m'y trompe pas, car cela me
fait un mal affreux, et il y a des
moments où j'embrouille si bien le
passé avec le présent, que je ne
sais plus à quelle époque j'en suis
de ma vie. »

Ma manière d'être ressortait si
naturellement de la position excep-
tionnelle où je me trouvais, qu'il
me paraissait tout simple de ne pas

vivre comme la plupart des autres
jeunes filles. On me jugea très-
bizarre, et pourtant je l'étais infi-
niment moins que j'aurais pu l'être,
si j'y eusse porté le goût de l'affectation et de la singularité. Aban-
donnée à moi – même en toutes
choses, ne trouvant plus de contrôle chez ma grand'mère, oubliée
en quelque sorte de ma mère,
poussée à l'indépendance absolue
par Deschartres, ne sentant en moi
aucun trouble de l'âme ou des sens,
et pensant toujours, malgré la modification qui s'était faite dans mes
idées religieuses, à me retirer dans
un couvent, avec ou sans vœux
monastiques, ce qu'on appelait autour de moi l'*opinion* n'avait pour

moi aucun sens, aucune valeur, et
ne me paraissait d'aucun usage.

Deschartres n'avait jamais vu le
monde à un point de vue pratique.
Dans son amour pour la domination, il n'acceptait aucune entrave
à ses jugements, rapportant tout à
sa sagesse, à son *omnicompétence*,
infaillible à ses propres yeux,

Et comme du fumier regardait tout le monde,

excepté ma grand'mère, lui et moi;
il ne riait pourtant pas comme moi
de la critique. Elle le mettait en
colère. Il s'indignait jusqu'à l'invec-
tive furibonde contre les sottes
gens qui se permettaient de blâ-

mer mon peu d'égards pour leurs
coutumes.

Il faut dire aussi qu'il s'ennuyait.
Il avait eu une vie extraordinaire-
ment active, dont il lui fallait re-
trancher beaucoup depuis la maladie de ma grand'mère. Il avait
acheté, avec ses économies, un petit
domaine à dix ou douze lieues de
chez nous, où il allait autrefois
passer des semaines entières. N'osant
plus découcher, dans la crainte de
retrouver sa malade plus compro-
mise, il commençait à étouffer dans
son embonpoint bilieux. Et puis,
surtout, il était privé de la société
de cette amie qui lui avait tenu
lieu de tout ce qu'il avait ignoré

dans la vie. Il avait besoin de s'attacher exclusivement à quelqu'un et
de lui reporter l'admiration et l'en-
gouement qu'il n'accordait à personne autre. J'étais donc devenue son
Dieu, et peut-être plus encore que
ma grand'mère ne l'avait jamais été,
puisqu'il me regardait comme son
ouvrage et croyait pouvoir s'aimer
en moi, comme dans un reflet de
ses perfections intellectuelles.

Bien qu'il m'assommât souvent,
je consentais à satisfaire son besoin
de discuter et de disserter, en lui
sacrifiant des heures que j'aurais
préféré donner à mes propres recherches. Il croyait tout savoir, et
il se trompait. Mais comme il sa-

vait beaucoup de choses et possé-
dait une mémoire admirable, il
n'était pas ennuyeux à l'intelligence :
seulement, il était fatigant pour le
caractère, à cause de l'exubérance
de vanité du sien. Avec la figure
la plus refrognée et le langage le
plus absolu qui se puissent imaginer, il avait soif de quelques moments de gaieté et d'abandon. Il
plaisantait lourdement, mais il riait
de bon cœur quand je le plaisan-
tais. Enfin il souffrait tout de moi,
et tandis qu'il prenait en aversion
violente quiconque ne l'admirait pas,
il ne pouvait se passer de mes contradictions et de mes taquineries.
Ce dogue hargneux était un chien
fidèle, et, mordant tout le monde,

se laissait tirer les oreilles par l'enfant de la maison.

Voilà par quel concours de circonstances toutes naturelles j'arrivai à scandaliser effroyablement les commères mâles et femelles de la ville de la Châtre. A cette époque, aucune femme du pays ne se permettait de monter à cheval, si ce n'est en croupe de son *valet* des champs. Le costume, non pas seulement de garçon pour les courses à pied, mais encore l'amazone et le chapeau rond étaient une abomination; l'étude des *os de mort*, une profanation; la chasse, une destruction; l'étude, une aberration, et mes relations enjouées et tranquilles avec

des jeunes gens, fils des amis de
mon père, que je n'avais pas cessé
de traiter comme des camarades
d'enfance, et que je voyais, du reste,
fort rarement, mais à qui je don-
nais une poignée de main sans
rougir et me troubler comme une
dinde amoureuse, c'était de l'effron-
terie, de la dépravation, que sais-je?
Ma religion même fut un sujet de
glose et de calomnie stupide. Était-
il convenable d'être pieuse, quand
on se permettait des choses si éton-
nantes? Cela n'était pas possible. Il
y avait là-dessous quelque diablerie.
Je me livrais aux sciences occultes.
J'avais fait semblant une fois de
communier, mais j'avais emporté
l'hostie sainte dans mon mouchoir,

on l'avait bien vu ! J'avais donné
rendez-vous à Claudius et à ses
frères, et nous en avions fait une
cible ; nous l'avions traversée à
coups de pistolet. Une autre fois
j'étais entrée à cheval dans l'église,
et le curé m'avait chassée au moment où je caracolais autour du
maître-autel. C'était depuis ce jour-
là qu'on ne me voyait plus à la
messe et que je n'approchais plus
des sacrements. André, mon pauvre
page rustique, n'était pas bien net
dans tout cela. C'était ou mon
amant, ou une espèce d'appariteur,
dont je me servais dans mes con-
jurations. On ne pouvait rien lui
faire avouer de mes pratiques se-
crètes ; mais j'allais la nuit dans le

cimetière déterrer des cadavres avec
Deschartres ; je ne dormais jamais,
je ne m'étais pas mise au lit depuis un an. Les pistolets chargés
qu'André avait toujours dans les
fontes de sa selle en m'accompa-
gnant à cheval, et les deux grands
chiens qui nous suivaient n'étaient
pas non plus une chose bien naturelle. Nous avions tiré sur des paysans, et des enfants avaient été
étranglés par ma chienne Velléda.
Pourquoi non ? Ma férocité était
bien connue. J'avais du plaisir à
voir des bras cassés et des têtes
fendues, et chaque fois qu'il y avait
du sang à faire couler, Deschartres
m'appelait pour m'en donner le di-
vertissement.

Cela peut paraître exagéré. Je ne
l'aurais pas cru moi-même, si, par
la suite, je ne l'avais vu *écrit*. Il n'y
a rien de plus bêtement méchant
que l'habitant des petites villes. Il
en est même divertissant, et quand
ces folies m'étaient rapportées, j'en
riais de bon cœur, ne me doutant
guère qu'elles me causeraient plus
tard de grands chagrins.

J'avais déjà subi, de la part de
ces imbéciles, une petite persécution, dont j'avais triomphé. Au
milieu de l'été, à l'époque où ma
grand'mère était le mieux portante,
j'avais dansé la bourrée sans en-
combre à la fête du village, en
dépit de menaces qui avaient été

faites contre moi à mon insu. Voici
à quelle occasion.

Je voyais souvent une bonne
vieille fille qui demeurait à un
quart de lieue de chez moi, dans la
campagne. C'était encore Deschartres qui m'y avait menée et qui la
jugeait la plus honnête personne
du monde. Je crois encore qu'il ne
s'était pas trompé, car j'ai toujours
vu cette bonne fille ou occupée de
son vieux oncle, qui mourait d'une
maladie de langueur et qu'elle soi-
gnait avec une piété vraiment filiale,
ou vaquant aux soins de la campagne et du ménage avec une ac-
tivité et une bonhomie touchantes.
J'aimais son petit intérieur demi-

12.

rustique, tenu avec une propreté
hollandaise, ses poules, son verger,
ses galettes qu'elle tirait du four
elle-même pour me les servir toutes
chaudes. J'aimais surtout sa droiture,
son bon sens, son dévouement pour
l'oncle et le réalisme de ses préoc-
cupations domestiques, qui me faisait
descendre de mes nuages et se présentait à moi avec un charme très-
pur et très-bienfaisant.

Il lui vint une sœur qui me parut aussi très-bonne femme, mais
dont il plut aux moralistes de la
ville de penser et de dire beaucoup
de mal, j'ai toujours ignoré pourquoi, et je crois encore qu'il n'y
avait pas d'autre raison à cela que

la fantaisie de diffamation qui dé-
vore les esprits provinciaux.

Il y avait une quinzaine de jours
que cette sœur était au pays et je
l'avais vue plusieurs fois. Elle me
dit qu'elle viendrait à la fête de
notre village; elle y vint, et je lui
parlai comme à une personne que
l'on connaît sous de bons rapports.

Ce fut une indignation générale,
et on décréta que je foulais aux
pieds, avec affectation, toutes les
convenances. C'était une insulte à
l'*opinion* des messieurs et dames de
la ville. Je ne me doutais de rien.
Quelqu'un de charitable vint m'a-
vertir, et comme, en somme, on

ne me disait contre cette femme
rien qui eût le sens commun, je
trouvai lâche de lui tourner le dos
et continuai à lui parler chaque
fois que je me trouvai auprès d'elle
dans le mouvement de la fête.

Plusieurs garçons judicieux, arti-
sans et bourgeois, prétendirent que
je le faisais *à l'exprès* pour nar-
guer le *monde*, et s'entendirent pour
me faire ce qu'ils appelaient *un af-
front*, c'est-à-dire qu'ils ne me fe-
raient pas danser. Je ne m'en aperçus pas du tout, car tous les paysans
de chez nous m'invitèrent, et, comme
de coutume, je ne savais à qui
entendre.

Mais il paraît que je risquais bien

de n'avoir pas l'honneur d'être in-
vitée par les gens de la ville, s'ils
eussent été tous aussi bêtes les uns
que les autres. Il se trouva que les
premiers n'étaient pas en nombre,
et que j'avais là des amis inconnus
qui s'entendirent pour conjurer l'o-
rage : entre autres un tanneur à qui
j'ai toujours su gré de s'être posé
pour moi en chevalier dans cette
belle affaire, quoique je ne lui
eusse jamais parlé. Il se fit donc
autour de lui un groupe toujours
grossissant de mes défenseurs, et je
dansai avec eux jusqu'à en être
lasse, un peu étonnée de les voir
si empressés autour de moi qui ne
les connaissais pas du tout, tandis

que Deschartres se promenait à mes
côtés d'un air terrible.

Il m'expliqua ensuite tout ce qui
s'était passé. Je lui reprochai de ne
pas m'avoir avertie. J'aurais quitté
la fête plutôt que de servir de prétexte à quelque rixe. Mais ce n'é-
tait pas la manière de voir de
Deschartres. « Je l'aurais bien voulu,
s'écria-t-il tout malade de n'avoir pas
trouvé l'occasion d'éclater; j'aurais
voulu qu'un de ces ânes dît un
mot qui me permît de lui casser
bras et jambes! — Bah! lui dis-je,
cela vous aurait forcé à les leur remettre, et vous avez bien assez de
besogne sans cela. » Deschartres,

exerçant gratis, avait une grosse
clientèle.

Ce petit fait nous occupa fort
peu l'un et l'autre, mais nous donna
lieu de parler de l'opinion, et je
pensai, pour la première fois, à
me demander quelle importance on
devait y attacher.

Deschartres, qui était toujours en
contradiction ouverte avec lui-même,
ne s'en était jamais préoccupé dans
sa conduite, et s'imaginait devoir la
respecter en principe. Quant à moi,
j'avais encore dans l'oreille toutes
les paroles sacrées, et celle-ci entre autres : « Malheur à celui par
qui le scandale arrive ! »

Mais il s'agissait de définir ce que

c'est que le scandale. « Commençons
par là, disais-je à mon pédagogue.
Nous verrons ensuite à définir ce
que c'est que l'opinion. — L'opinion, c'est très-vague, disait Deschartres. Il y en a de toutes sortes.
Il y a l'opinion des sages de l'an-
tiquité, qui n'est pas celle des modernes; celle des théologiens, qui
n'est que controverse éternelle; celle
des gens du monde, qui varie encore selon les cultes. Il y a l'opinion des ignorants, qu'on doit
nommer préjugés; enfin, il y a celle
des sots, qu'on doit mépriser profondément. Quant au scandale, c'est
bien clair! C'est l'impudeur dans le
mal, dans le vice, dans toutes les
actions mauvaises.

— Vous dites l'impudeur dans le mal : il peut donc y avoir de la pudeur dans le vice, dans toutes les mauvaises actions?

— Non, c'est une manière de dire; mais enfin, une certaine honte des égarements où l'on tombe est encore un hommage rendu à la morale publique.

— Oui et non, grand homme! Celui qui fait le mal par légèreté, par entraînement, par passion, enfin sans en avoir bien conscience, ne songe pas à s'en cacher. S'il peut oublier le jugement de Dieu, il n'est guère étonnant qu'il oublie celui des hommes. Je plains sa fo-

lie. Mais celui qui se cache habile-
ment et sait se préserver du blâme
me paraît beaucoup plus odieux. Il
pèche donc bien sciemment contre
Dieu, celui-là, puisqu'il y porte assez de réflexion pour ne pas se
laisser juger par les hommes. Je le
méprise!

— C'est très-juste. Donc il ne
faut avoir rien de mauvais à cacher.

— Croyez-vous que vous et moi,
par exemple, nous ayons à rougir
de quelque vice, de quelque pen-
chant au mal?

— Non certainement.

— Alors, pourquoi crie-t-on au scandale autour de nous?

— Le fait de certaines imbécillités ne prouve rien. Mais cependant il ne faudrait pas pousser à l'extrême l'esprit d'indépendance que, dans cette occasion-ci, je partage avec vous. Vous êtes appelée à vivre dans le monde; si telle ou telle chose innocente en soi-même, et que je juge sans inconvénient, venait à blesser les idées de votre entourage, il faudrait bien y renoncer.

— Cela dépend, grand homme. Les choses indifférentes en elles-mêmes doivent être sacrifiées au sa-

voir-vivre, comme disait toujours ma
pauvre bonne maman quand elle
m'enseignait, et, par le savoir-vi-
vre, elle entendait l'affection, l'o-
bligeance, l'esprit de famille ou de
charité. Mais les choses qui sont essentiellement bonnes, peut-on et doit-
on s'en abstenir parce qu'elles sont
méconnues et mal interprétées? Pour
sauver l'honneur d'un parent ou
d'un ami, on peut être forcé d'exposer le sien à des soupçons. Pour
lui sauver la vie, on peut être
condamné à mentir. Pour avoir as-
sisté un malheureux écrasé à tort
ou à raison sous le blâme public,
il arrive que l'intolérance vous rend
solidaire de la réprobation qui pèse
sur lui. Je vois dans l'exercice de

la charité chrétienne, qui est la première de toutes les vertus, mille devoirs qui doivent scandaliser le monde. Donc, quand Jésus a dit : « Si l'un de vous scandalise un de ces petits qui croient en moi, il vaudrait mieux pour lui avoir une pierre au cou et être jeté dans le fond de la mer, » il a voulu parler de ce qui est le mal, et il l'a entendu d'une manière absolue toute conforme à sa doctrine. Il a dit de la pécheresse : « *Que celui de vous qui est sans péché lui jette la première pierre,* » et ses enseignements aux disciples se résument ainsi : « Supportez les injures, le blâme, la calomnie, tous les genres de persécution de la part de ceux qui ne

croient point en ma parole. » — Or,
ce que le monde appelle scandale
n'est pas toujours le scandale, et ce
qu'il appelle l'opinion n'est qu'une
convention arbitraire qui change
selon les temps, les lieux et les
hommes.

— Sans doute, sans doute, disait
Deschartres. *Vérité en deçà, erreur au
delà;* mais le bon citoyen respecte
les croyances du milieu où il se
trouve. Ce milieu se compose de
sages et de fous, de gens capables
et d'êtres stupides. Le choix n'est
pas difficile à faire!

— Il y a donc deux opinions?

— Oui, la vraie et la fausse,
mères de toutes les autres nuances.

— S'il y en a deux, il n'y en
a pas.

— Voyez le paradoxe!

— C'est comme pour l'Église orthodoxe, grand homme! Il n'y en
a qu'une ou il n'y en a pas. Vous
me dites que j'aurai à respecter le
milieu où la destinée me jettera.
C'est là le paradoxe! Si ce milieu
est mauvais, je ne le respecterai
pas; je vous en avertis.

— Vous voilà encore avec votre
fausse logique! Je vous ai enseigné
la logique, mais vous allez à l'extrême et rendez faux, par l'abus
des conséquences, ce qui est vrai
au point de départ. Le monde

n'est pas infaillible, mais il a l'autorité. Il faut, dans tous les doutes, s'en remettre à l'autorité. Telle chose excellente en soi peut scandaliser.

— Il faut s'en abstenir.

— Non! il faut la faire, mais avec prudence quelquefois. Il faut quelquefois se cacher pour faire le bien, malgré le proverbe : Tu te caches, donc tu fais mal.

— A la bonne heure, grand homme! Vous avez dit le mot : *Prudence.* C'est tout autre chose, cela. Il ne s'agit plus ni du bien, ni du mal, ni du scandale, ni de l'opinion à définir. Tout cela est vague dans l'ordre des choses humaines. Il faut avoir de la prudence! Eh bien! je vous dis, moi, que la prudence est un agrément et un avantage personnels, mais que la conscience intime étant le seul juge, à défaut de juges absolument compétents dans la société, je me crois complétement libre de manquer de prudence, s'il me plaît de supporter tout le blâme et toutes les persécutions qui s'attachent aux devoirs périlleux et difficiles.

— C'est trop présumer de vos forces. Vous ne trouverez pas la chose si aisée que vous croyez, ou bien vous vous exposerez à de grands malheurs.

13.

— Je ne me crois pas des forces extraordinaires. Je sais que je
prendrai là une tâche très-rude;
aussi je m'arrange à l'avance pour
me la faire aussi légère que possible. Pour cela, il y a un moyen
très-simple.

— Voyons!

— C'est de rompre dès à présent,
dès ce premier jour où mes yeux
s'ouvrent à l'inconséquence des choses humaines, avec le commerce
de ce qu'on appelle le monde. Vivre dans la retraite en faisant le
bien, soit dans un couvent, soit
ici, ne quêtant l'approbation de
personne, n'ayant aucun besoin de
la société banale des indifférents,

me souciant de Dieu, de quelques
amis et de moi-même, voilà tout.
Qu'y a-t-il de si difficile? ma grand'-
mère n'a-t-elle pas arrangé ainsi
toute la dernière moitié de sa vie? »

Quand je me laissais aller à la
pensée de reculer le plus possible
le choix d'un état dans la vie;
quand je parlais d'attendre l'âge de
vingt-cinq ou trente ans pour me
décider au mariage ou à la profession religieuse, et de m'adonner,
jusque-là, à la science avec Deschartres, dans notre tranquille solitude de Nohant, il n'avait plus
d'arguments pour me combattre,
tant ce rêve lui souriait aussi. Mal-

gré son peu d'imagination, il m'aidait à faire des châteaux en Espagne, et finissait par croire qu'à force de m'inculquer la sagesse il m'avait rendue supérieure à lui-même.

Dans nos entretiens, je l'amenais donc presque toujours à mes conclusions, et même dans les choses d'enthousiasme où il n'était certainement pas inférieur à moi. Tout en raillant son amour-propre et ses contradictions, je sentais fort bien qu'il était tout au moins mon égal pour le cœur. Seulement, le mien, plus jeune et plus excité, avait des élans plus soutenus, et le sien, engourdi par l'âge et l'habitude des

soins matériels, avait besoin d'être
réveillé de temps en temps. Il af-
fectait de préférer la sagesse à la
vertu, et la raison à l'enthousiasme;
mais, au fond, il avait bien réellement dans l'âme des vertus dont
je n'avais encore que l'ambition, et
une conscience du devoir qui lui
faisait fouler aux pieds, à chaque
instant, tous ses intérêts personnels.

Le résumé que je viens de faire
de nos entretiens d'une semaine ou
deux n'a pas été arrangé après
coup. J'ai changé de point de vue
plusieurs fois dans ma vie, sur la
marche et le détail des choses en
voie d'éclaircissement et de progrès;

mais tout ce qui a été conclusion
de philosophie à mon usage dans les
choses essentielles a été réglé une
fois pour toutes, la première fois
que mon esprit a été conduit par
un fait d'expérience, frivole ou
sérieux, à se poser nettement la
question du devoir. Quand j'avais,
au couvent, des scrupules de dévotion, c'est-à-dire des incertitudes de
jugement, je crois que j'étais plus
logique que l'abbé de Prémord et
madame Alicia. Catholique, je ne
voulais pas l'être à moitié et croyais
n'avoir pas touché le but tant qu'un
grain de sable m'avait fait trébucher.
J'entreprenais l'impossible, parce que
rien ne semble impossible aux enfants. Je croyais à quelque chose

d'absolu qui n'existe pas pour l'humanité et dont la suprême sagesse lui a refusé le secret. Aussitôt que je me crus fondée à raisonner ma croyance et à l'épurer en lui cherchant l'appui et la sanction de mes meilleurs instincts, je n'eus plus de doute et je n'eus plus à revenir sur mes décisions. Ce ne fut pas force de caractère. Les doutes ne reparurent pas, voilà tout.

Beaucoup de points importants furent ainsi tranchés dès lors en moi, avec ou sans Deschartres, avec et sans l'abbé de Prémord. Beaucoup d'autres restèrent encore lettres closes, entre autres tout ce qui

était relatif à l'amour ou au mariage. Le temps n'était pas venu
pour moi d'y songer, puisque aucune de ces fibres n'avait encore
vibré en moi.

Quand je me souviens de ces con-
tentions d'esprit et de la joie que
me donnaient tout à coup mes cer-
titudes, il me semble bien que j'a-
vais le ridicule des écoliers qui
croient avoir découvert eux-mêmes
la sagesse des siècles; mais quand
je me demande aujourd'hui, fort
tranquillement et après longue expérience de la vie, si j'avais raison
de mépriser si hardiment les idées
fausses et les vains devoirs qui tuent

la foi aux devoirs sérieux, je trouve
que je n'avais pas tort, et je sens
que si c'était à recommencer, je ne
ferais pas mieux.

CHAPITRE DIX-NEUVIÈME.

On a vu comment une circon-
stance très-minime m'avait amenée
à soulever des problèmes. Il en est
toujours ainsi pour tout le monde,
et bien qu'on soit convenu de dire
qu'il ne faut pas se placer à un
point de vue personnel, il n'en

pourra jamais être autrement dans
les choses pratiques. Tel qui ferait
une mauvaise action, s'il se révoltait contre l'opinion des gens vertueux et éclairés qui le guident et
l'entourent, est nécessairement porté,
s'il a le sentiment du juste, à regarder l'opinion comme une loi;
mais celui qui n'est aux prises
qu'avec des niais injustes doit s'interroger avant de leur céder, et
partir de là pour reconnaître qu'il
n'y a nulle part, entre Dieu et lui,
de contrôle légitimement absolu
pour les faits de sa vie intime. La
conséquence étendue à tous de
cette vérité certaine, c'est que la
liberté de conscience est inaliénable.
En appréciant le fait par l'inten-

tion, les jésuites avaient proclamé
ce principe, probablement sans en
voir tous les résultats en dehors de
leur ordre.

La petite aventure de la fête du
village avait donc été le prélude
des calomnies monstrueusement ri-
dicules qui se forgèrent sur mon
compte peu de temps après, avec
un *crescendo* des plus brillants. Il
semblait que le mépris que j'en faisais fût un motif de fureur pour
ces bonnes gens de la Châtre, et
que mon indépendance d'esprit
(présumée, puisqu'ils ne me connaissaient que de vue) fût un ou-
trage au code d'étiquette de leur
clocher.

XIV.   14

J'ai dit déjà que la bicoque de
la Châtre était remarquable par un
nombre de gens d'esprit, considérable relativement à sa population.
Cela est encore vrai; mais partout
les bons esprits sont l'exception,
même dans les grandes villes; et
dans les petites, on sait que la
masse fait loi. C'est comme un
troupeau de moutons où chacun,
poussé par tous, donne du nez là
où la moutonnerie entière se jette.
De là une aversion instinctive contre celui qui se tient à part; l'indépendance du jugement est le loup
dévorant qui bouleverse les esprits
dans cette bergerie.

Mes relations d'amitié avec les

familles amies de la mienne n'en
souffrirent pas, et je les ai gardées
intactes et douces tout le reste de
ma vie.

Mais on pense bien que ma volonté
de ne point voir par les yeux du
premier venu ne fit que croître et
embellir quand tout ce déchaîne-
ment vint à ma connaissance. Je
trouvai un si grand calme dans ce
parti pris, que j'étais presque re-
connaissante envers les sots qui me
l'avaient suggéré.

Aux approches de l'automne, ma
pauvre grand'mère perdit le peu de
forces qu'elle avait recouvrées; elle
n'eut plus ni mémoire des choses

14.

immédiates, ni appréciation des
heures, ni désir d'aucune distraction
sérieuse. Elle sommeillait toujours
et ne dormait jamais. Deux femmes
ne la quittaient ni la nuit ni le
jour. Deschartres, Julie et moi, à
tour de rôle, nous passions ou le
jour ou la nuit, pour surveiller ou
compléter leurs soins. Dans ces
fonctions fatigantes, Julie, bien
que très-malade elle-même, fut
extrêmement courageuse et patiente.
Ma pauvre grand'mère ne lui laissait guère de repos. Plus exigeante
avec elle qu'avec les autres, elle
avait besoin de la gronder et de
la contredire, et Julie était forcée
de nous faire intervenir souvent
pour que sa malade renonçât à des

caprices impossibles à satisfaire sans danger pour elle.

Voulant mener de front le soin de ma bonne maman, les promenades nécessaires à ma santé et mon éducation, j'avais pris le parti, voyant que quatre heures de sommeil ne me suffisaient pas, de ne plus me coucher que de deux nuits l'une. Je ne sais si c'était un meilleur système, mais je m'y habituai vite, et me sentis beaucoup moins fatiguée ainsi que par le sommeil à petites doses. Parfois, il est vrai, la malade me demandait à deux heures du matin, quand j'étais dans toute la jouissance de mon repos. Elle voulait savoir de moi s'il était

réellement deux heures du matin,
comme on le lui assurait. Elle ne
se calmait qu'en me voyant, et certaine enfin de la vérité, elle avait
encore des paroles tendres pour
me renvoyer dormir; mais il ne
fallait guère compter qu'elle ne re-
commencerait pas à s'agiter au
bout d'un quart d'heure, et je pre-
nais le parti de lire auprès d'elle
et de renoncer à ma nuit de sommeil.

Ce dur régime ne prenait plus
sensiblement sur ma santé : la jeunesse se plie vite au changement
d'habitudes; mais mon esprit s'en
ressentit profondément : mes idées
s'assombrirent, et je tombai peu à

peu dans une mélancolie intérieure
que je n'avais même plus le désir
de combattre.

Comme Deschartres s'en affligeait,
je m'appliquai à lui cacher cette disposition maladive. Elle redoubla
dans le silence. Je n'avais pas lu
René, ce hors-d'œuvre si brillant du
Génie du Christianisme, que, pressée
de rendre le livre à mon confesseur, j'avais réservé pour le moment
où je posséderais un exemplaire à
moi. Je le lus enfin, et j'en fus
singulièrement affectée. Il me sembla que *René* c'était moi. Bien
que je n'eusse aucun effroi sembla-
ble au sien dans ma vie réelle, et
que je n'inspirasse aucune passion

qui pût motiver l'épouvante et l'a-
battement, je me sentis écrasée par
ce dégoût de la vie qui me paraissait puiser bien assez de motifs dans
le néant de toutes les choses humaines. J'étais déjà malade; il m'arriva ce qui arrive aux gens qui
cherchent leur mal dans les livres
de médecine. Je pris, par l'imagination, tous les maux de l'âme décrits
dans ce poëme désolé.

Byron, dont je ne connaissais rien,
vint tout aussitôt porter un coup
encore plus rude à ma pauvre cervelle. L'enthousiasme que m'avaient
causé les poëtes mélancoliques d'un
ordre moins élevé ou moins sombre, Gilbert, Millevoie, Young, Pé-

trarque, etc., se trouva dépassé. *Hamlet* et *Jacques* de Shakspeare m'achevèrent. Tous ces grands cris de l'éternelle douleur humaine venaient couronner l'œuvre de désenchantement que les moralistes avaient commencée. Ne connaissant encore que quelques faces de la vie, je tremblais d'aborder les autres. Le souvenir de ce que j'avais déjà souffert me donnait l'effroi et presque la haine de l'avenir. Trop croyante en Dieu pour maudire l'humanité, je m'arrangeais du paradoxe de Rousseau qui proclame la bonté innée dans l'homme, en maudissant l'œuvre de la société, et en attribuant à l'action collective ce dont l'action individuelle ne se fût jamais avisée.

Comme la conclusion de ce sophisme spécieux était que l'isolement, la vie recueillie et cachée,
sont les seuls moyens de conserver
la paix de la conscience, ne voilà-
t-il pas que, de par la liberté, je
revenais au stoïcisme catholique de
Gerson, et qu'épouvantée du néant
de la vie, je pensais avoir tourné
dans un cercle vicieux?

Seulement Gerson promettait et
donnait la béatitude au cénobite,
et mes moralistes ainsi que mes
poëtes ne me laissaient que le dés-
espoir. Gerson, toujours logique à
son point de vue étroit, m'avait
conseillé de n'aimer mes semblables
qu'en vue de mon propre salut,

c'est-à-dire de ne les aimer point.
J'avais appris des autres à mieux
entendre Jésus et à aimer le prochain littéralement plus que moi-
même : de là une douleur infinie de
voir chez mes semblables le mal
dont il me semblait si facile de se
préserver, et un regret amer de ne
pouvoir emporter dans la solitude
l'espérance de leur conversion.

J'avais résolu de m'abstenir de la
vie; à mon rêve de couvent avait
succédé un rêve de claustration libre, de solitude champêtre. Il me
semblait que j'avais, comme *René*,
le cœur mort avant d'avoir vécu,
et qu'ayant si bien découvert, par
les yeux de Rousseau, de la Bruyère,

de Molière même, dont le *Misan-
thrope* était devenu mon code, par
les yeux enfin de tous ceux qui ont
vécu, senti, pensé et écrit, la perversité et la sottise des hommes, je
ne pourrais jamais en aimer un
seul avec enthousiasme, à moins
qu'il ne fût, comme moi, une espèce de sauvage, en rupture de ban
avec cette société fausse et ce monde
fourvoyé.

Si Claudius, avec son esprit, son
savoir et son scepticisme à l'endroit des choses humaines, eût eu,
comme moi, l'idéal religieux, j'eusse
peut-être pensé à lui; j'y pensai
même, pour me questionner à ce
sujet; mais, tout au contraire de

moi, il arrivait rapidement à nier
Dieu, disant qu'il aurait dû commencer par là. Cela creusait un
abîme entre nous, et notre amitié
épistolaire en était glacée. Je ne lui
pardonnais que par la pensée qu'il
s'éclairerait mieux en s'instruisant
davantage.

Cela n'arriva point. Et, bien que
nous ayons été liés plus tard assez
intimement, cette souffrance intérieure que me causait son athéisme
ne s'est jamais dissipée, alors même
que je n'avais plus l'esprit tendu
habituellement sur des idées aussi
sérieuses. Cet athéisme produisit
chez lui, dans son âge mûr, des
théories d'une perversité surpre-

nante, et l'on se demandait parfois
s'il y croyait, ou s'il se moquait de
vous. Il vint même un moment où
il fut saisi du vertige du mal et où
il m'effraya au point que je cessai
de le voir et refusai de renouer
notre ancienne amitié; mais pourquoi raconterais-je cette phase de
son existence? Il n'y a pas d'utilité
à remuer la cendre des morts quand
leur trace dans la vie n'a pas été
assez éclatante pour laisser derrière
eux des abîmes entr'ouverts.

Je m'isolais donc, par la volonté,
à dix-sept ans, de l'humanité présente. Les lois de propriété, d'héritage, de répression meurtrière, de

guerre litigieuse; les priviléges de
fortune et d'éducation; les préjugés
du rang et ceux de l'intolérance
morale; la puérile oisiveté des gens
du monde; l'abrutissement des intérêts matériels; tout ce qui est d'institution ou de contume païenne
dans une société soi-disant chrétienne, me révoltait si profondément, que j'étais entraînée à pro-
tester, dans mon âme, contre
l'œuvre des siècles. Je n'avais pas
la notion du progrès, qui n'était
pas populaire alors, et qui ne m'é-
tait pas arrivée par mes lectures.
Je ne voyais donc pas d'issue à mes
angoisses, et l'idée de travailler,
même dans mon milieu obscur et
borné, pour hâter les promesses de

l'avenir, ne pouvait se présenter à moi.

Ma mélancolie devint donc de la tristesse, et ma tristesse de la douleur. De là au dégoût de la vie et au désir de la mort il n'y a qu'un pas. Mon existence domestique était si morne, si endolorie, mon corps si irrité par une lutte continuelle contre l'accablement, mon cerveau si fatigué de pensées sérieuses trop précoces, et de lectures trop absorbantes aussi pour mon âge, que j'arrivai à une maladie morale très-grave : l'attrait du suicide.

A Dieu ne plaise que j'attribue cependant ce mauvais résultat aux

écrits des maîtres et au désir de la
vérité. Dans une plus heureuse situation de famille et dans une
meilleure disposition de santé, ou
je n'aurais pas tant compris les livres, ou ils ne m'eussent pas tant
impressionnée. Comme presque tous
ceux de mon âge, peut-être n'aurais-je été émue que de la forme,
et n'aurais-je pas tant cherché le
fond. Les philosophes, pas plus que
les poëtes, ne sont coupables du
mal qu'ils peuvent nous faire, quand
nous buvons sans à-propos et sans
modération aux sources qu'ils ont
creusées. Je sentais bien que je devais me défendre, non pas d'eux,
mais de moi-même, et j'appelais la
foi à mon secours.

Je crois encore à ce que les chrétiens appellent la grâce. Qu'on
nomme comme on voudra les
transformations qui s'opèrent en
nous quand nous appelons éner-
giquement le principe divin de
l'infini au secours de notre faiblesse; que ce bienfait s'appelle
secours ou assimilation; que notre
aspiration s'appelle prière ou exaltation d'esprit, il est certain que
l'âme se retrempe dans les élans
religieux. Je l'ai toujours éprouvé
d'une manière si évidente pour moi,
que j'aurais mauvaise grâce à en
matérialiser l'expression sous ma
plume. Prier comme certains dévots
pour demander au ciel la pluie ou
le soleil, c'est-à-dire des pommes

de terre et des écus, pour conjurer la grêle ou la foudre, la maladie ou la mort, c'est de l'idolâtrie pure; mais lui demander le courage, la sagesse, l'amour, c'est ne pas intervertir l'ordre de ses lois immuables, c'est puiser à un foyer qui ne nous attirerait pas sans cesse si, par sa nature, il n'était pas capable de nous réchauffer.

Je priai donc et reçus la force de résister à la tentation du suicide. Elle fut quelquefois si vive, si subite, si bizarre, que je pus bien constater que c'était une espèce de folie dont j'étais atteinte. Cela prenait la forme d'une idée fixe et frisait par moments la monomanie.

15.

C'était l'eau surtout qui m'attirait
comme par un charme mystérieux.
Je ne me promenais plus qu'au bord
de la rivière, et, ne songeant plus
à chercher les sites agréables, je la
suivais machinalement jusqu'à ce
que j'eusse trouvé un endroit profond. Alors, arrêtée sur le bord et
comme enchaînée par un aimant,
je sentais dans ma tête comme une
gaieté fébrile, en me disant :
« Comme c'est aisé! Je n'aurais
qu'un pas à faire! »

D'abord cette manie eut son
charme étrange, et je ne la combat-
tis pas, me croyant bien sûre de
moi-même; mais elle prit une in-
tensité qui m'effraya. Je ne pouvais

plus m'arracher de la rive aussitôt
que j'en formais le dessein, et je
commençais à me dire : *Oui* ou
Non? assez souvent et assez longtemps pour risquer d'être lancée
par le *oui* au fond de cette eau
transparente qui me magnétisait.

Ma religion me faisait pourtant
regarder le suicide comme un
crime. Aussi je vainquis cette me-
nace de délire. Je m'abstins de m'ap-
procher de l'eau, et le phénomène
nerveux, car je ne puis définir autrement la chose, était si prononcé,
que je ne touchais pas seulement
à la margelle d'un puits sans un
tressaillement fort pénible à diriger
en sens contraire.

Je m'en croyais pourtant guérie,
lorsqu'allant voir un malade avec
Deschartres, nous nous trouvâmes
tous deux à cheval au bord de
l'Indre. « Faites attention, me dit-il,
ne se doutant pas de ma monomanie, marchez derrière moi; le gué
est très-dangereux. A deux pas de
nous, sur la droite, il y a vingt
pieds d'eau.

— J'aimerais mieux ne point y
passer, lui répondis-je, saisie tout à
coup d'une grande méfiance de
moi-même. Allez seul, je ferai un
détour et vous rejoindrai par le
pont du moulin. »

Deschartres se moqua de moi.

« Depuis quand êtes-vous peureuse? me dit-il, c'est absurde. Nous avons passé cent fois dans des endroits pires, et vous n'y songiez pas. Allons, allons! le temps nous presse. Il nous faut être rentrés à cinq heures pour faire dîner votre bonne maman. »

Je me trouvai bien ridicule en effet, et je le suivis. Mais au beau milieu du gué, le vertige de la mort s'empare de moi, mon cœur bondit, ma vue se trouble, j'entends le *oui* fatal gronder dans mes oreilles, je pousse brusquement mon cheval à droite, et me voilà dans l'eau profonde, saisie d'un rire nerveux et d'une joie délirante.

Si Colette n'eût été la meilleure
bête du monde, j'étais débarrassée
de la vie et fort innocemment, cette
fois, car aucune réflexion ne m'était
venue; mais Colette, au lieu de se
noyer, se mit à nager tranquillement et à m'emporter vers la rive;
Deschartres faisait des cris affreux
qui me réveillèrent. Déjà il s'élan-
çait à ma poursuite. Je vis que, mal
monté et maladroit, il allait se
noyer. Je lui criai d'être tranquille
et ne m'occupai plus que de me
bien tenir. Il n'est pas aisé de ne
pas quitter un cheval qui nage.
L'eau vous soulève, et votre propre poids submerge l'animal à
chaque instant; mais j'étais bien légère, et Colette avait un courage et

une vigueur peu communs. La plus
grande difficulté fut pour aborder.
La rive était trop escarpée. Il y eut
un moment d'anxiété terrible pour
mon pauvre Deschartres; mais il ne
perdit pas la tête et me cria de
m'accrocher à un têteau de saule
qui se trouvait à ma portée, et de
laisser noyer la bête. Je réussis à
m'en séparer et à me mettre en
sûreté; mais quand je vis les efforts désespérés de ma pauvre Colette pour franchir le talus, j'ou-
bliai tout à fait ma situation, et,
entraînée une minute auparavant à
ma propre perte, je me désolai de
celle de mon cheval, que je n'a-
vais pas prévue. J'allais me rejeter
à l'eau pour essayer, bien inutile-

ment sans doute, de le sauver,
quand Deschartres vint m'arracher
de là, et Colette eut l'esprit de revenir vers le gué où était restée
l'autre jument.

Deschartres ne fit pas comme le
maître d'école de la fable, qui dé-
bite son sermon avant de songer
à sauver l'enfant; mais le sermon,
pour venir après le secours, n'en
fut pas moins rude. Le chagrin et
l'inquiétude le rendaient parfois littéralement furieux. Il me traita
d'*animal*, de *bête brute*, tout son
vocabulaire y passa. Comme il était
d'une pâleur livide et que de gros-
ses larmes coulaient avec ses injures,
je l'embrassai sans le contredire;

mais la scène continuant pendant
le retour, je pris le parti de lui
dire la vérité comme à un médecin, et de le consulter sur cette
inexplicable fantaisie dont j'étais
possédée.

Je pensais qu'il aurait peine à me
comprendre, tant je comprenais peu
moi-même ce que je lui avouais;
mais il n'en parut pas surpris.
« Ah! mon Dieu! s'écria-t-il, cela
aussi! Allons, c'est héréditaire! » Il
me raconta alors que mon père
était sujet à ces sortes de vertiges,
et m'engagea à les combattre par
un bon régime et par la *religion*,
mot inusité dans sa bouche, et que

je lui entendais invoquer, je pense,
pour la première fois.

Il n'avait pas lieu d'argumenter
contre mon mal, puisqu'il était in-
volontaire et combattu en moi;
mais ceci nous conduisit à raisonner
sur le suicide en général.

Je lui accordais d'abord que le
suicide raisonné et consenti était
généralement une impiété et une
lâcheté. C'eût été le cas pour moi.
Mais cela ne me paraissait pas
plus absolu que bien d'autres lois
morales. Au point de vue religieux,
tous les martyrs étaient des suicides;
si Dieu voulait, d'une manière absolue et sans réplique, que l'homme

conservât, même parjure et souillée,
la vie qu'il lui a imposée, les héros
et les saints du christianisme devaient plutôt feindre d'embrasser
les idoles que de se laisser livrer
aux supplices et dévorer par les
bêtes. Il y a eu des martyrs si
avides de cette mort sacrée, qu'on
raconte de plusieurs qu'ils se pré-
cipitèrent en chantant dans les
flammes, sans attendre qu'on les y
poussât. Donc l'idéal religieux admet le suicide et l'Église le cano-
nise. Elle a fait plus que de cano-
niser les martyrs, elle a canonisé
les saints volontairement suicidés
par excès de macérations.

Quant au point de vue social (en

outre des faits d'héroïsme patrioti-
que et militaire, qui sont des suicides glorieux comme le martyre
chrétien), ne pouvait-il pas se présenter des cas où la mort est un
devoir tacitement exigé par nos
semblables? Sacrifier sa vie pour
sauver celle d'un autre n'est pas
un devoir douteux, lors même qu'il
s'agirait du dernier des hommes;
mais la sacrifier pour réparer sa
propre honte, si la société ne le
commande pas, ne l'approuve-t-elle
point? N'avons-nous pas tous dans
le cœur et sur les lèvres ce cri
instinctif de la conscience en présence d'une infamie : « Comment
peut-on, comment ose-t-on vivre
après cela? » L'homme qui commet

un crime et qui se tue après n'est-il pas à moitié absous? Celui qui a fait un grand tort à quelqu'un et qui, ne pouvant le réparer, se condamne à l'expier par le suicide, n'est-il pas plaint et en quelque sorte réhabilité? Le banqueroutier qui survit à la ruine de ses commettants est souillé d'une tache ineffaçable; sa mort volontaire peut seule prouver la probité de sa conduite ou la réalité de son désastre. Ce peut être parfois un point d'honneur exagéré, mais c'est un point d'honneur. Quand c'est l'œuvre d'un remords bien fondé, est-ce un scandale de plus à donner au monde? Le monde, par conséquent l'esprit des sociétés établies, n'en

juge pas ainsi, puisque, par le pardon qu'il accorde, il considère ceci
comme une réparation du mauvais
exemple et un hommage rendu à la
morale publique.

Deschartres m'accorda tout cela,
mais il fut plus embarrassé quand
je poussai plus loin. « Maintenant,
lui dis-je, il peut arriver, comme
conséquence de tout ce que nous
avons admis, qu'une âme éprise du
beau et du vrai sente cependant en
elle la fatalité de quelque mauvais
instinct, et qu'étant tombée dans
le mal, elle ne puisse pas répondre, malgré ses remords et ses ré-
solutions, de n'y pas retomber tout
le reste de sa vie. Alors elle peut

se prendre elle – même en dégoût,
en aversion, en mépris, et non-seulement désirer la mort, mais la
chercher comme le seul moyen de
s'arrêter dans la mauvaise voie.

— Oh! doucement, dit Deschartres. Vous voilà fataliste à présent,
et que faites-vous du libre arbitre,
vous qui êtes chrétienne?

— Je vous confesse qu'aujour-
d'hui, répondis – je, j'éprouve de
grands doutes là-dessus. Ils sont pé-
nibles plus que je ne puis vous le
dire, et je ne demande pas mieux
que vous les combattiez; mais ce
qui m'est arrivé tout à l'heure ne
prouve-t-il pas qu'on peut être en-

traîné vers la mort physique par
un phénomène tout physique, au-
quel la conscience et la volonté
n'ont point de part, et où l'assistance
de Dieu semble ne vouloir pas intervenir?

— Vous en concluez que si l'instinct physique peut nous faire
chercher la mort physique, l'instinct
moral peut nous pousser de même
à la mort morale? La conséquence
est fausse. L'instinct moral est plus
important que l'instinct physique,
qui ne raisonne pas. La raison est
toute-puissante, non pas toujours
sur le mal physique, qui l'engour-
dit et la paralyse, mais sur le mal
moral, qui n'est pas de force contre

elle. Ceux qui font le mal sont des
êtres privés de raison. Complétez la
raison en vous-même, vous serez à
l'abri de tous les dangers qui con-
spireraient contre elle, et même
vous surmonterez en vous les désordres du sang et des nerfs; vous
les préviendrez, tout au moins, par
le régime moral et physique. »

Je donnai pleinement raison, cette
fois, à Deschartres : pourtant il me
revint plus tard bien des doutes et
des angoisses de l'âme à ce sujet.
Je pensai que le libre arbitre existe
dans la pensée saine, mais que son
exercice peut être entravé par des
circonstances tout à fait indépen-
dantes de nous et vainement com-

16.

battues par notre volonté. Ce n'était
pas ma faute si j'avais la tentation
de mourir. Il se peut que j'eusse
aidé à ce mal par un régime trop
excitant au moral et au physique;
mais, en somme, j'avais manqué de
direction et de repos; ma maladie
était la conséquence inévitable de
celle de ma grand'mère.

Depuis mon immersion dans la
rivière, je me sentis débarrassée de
l'obsession de la noyade; mais,
malgré les soins médicaux et intel-
lectuels de Deschartres, l'attrait du
suicide persista sous d'autres formes.
Tantôt j'avais une étrange émotion
en maniant des armes et en char-
geant des pistolets; tantôt les fioles

de laudanum que je touchais sans
cesse pour préparer des lotions à
ma grand'mère me donnaient de
nouveaux vertiges.

Je ne me souviens pas trop comment je me débarrassai de cette
manie. Cela vint de soi-même avec
un peu plus de repos que je donnai à mon esprit, et que Deschartres vint à bout d'assurer à mon
sommeil, en se dévouant plus d'une
fois à ma place. Je parvins donc à
oublier mon idée fixe, et peut-être
la lecture que Deschartres me fit
faire d'une partie des classiques
grecs et latins y contribua-t-elle
beaucoup. L'histoire nous transporte
loin de nous-mêmes, surtout celle des

temps reculés et des civilisations éva-
nouies. Je me rassérénai souvent avec
Plutarque, Tite-Live, Hérodote, etc.
J'aimai aussi Virgile passionné-
ment en français et Tacite en latin.
Horace et Cicéron étaient les dieux
de Deschartres. Il m'expliquait le
mot à mot, car je m'obstinais à ne
vouloir pas rapprendre le latin. Il
me traduisait donc en lisant ses
passages de prédilection, et il était
là d'une décision, d'une clarté, d'une
couleur que je n'ai jamais retrou-
vées chez personne.

Je trouvais aussi une distraction
douce à écrire beaucoup de lettres,
à mon frère, à madame Alicia, à
Élisa, à madame de Pontcarré, et

à plusieurs de mes compagnes res-
tées au couvent, ou sorties comme
moi définitivement. Dans les commencements, je ne pouvais suffire
aux nombreuses correspondances qui
me provoquaient et me réclamaient;
mais il avait fallu bien peu de
temps pour que je fusse oubliée
du plus grand nombre. Il ne me
restait donc que des amies de
choix. J'ai conservé presque toutes
ces lettres, qui me sont de doux
souvenirs, même des personnes que
j'ai entièrement perdues de vue. Celles
de madame Alicia sont simples et
toujours tendres. Elles vont de 1820
à 1830. Tout empreintes de la
douce monotomie de la vie religieuse, elles ont pour la plupart

un ton d'enjouement qui atteste la
constante sérénité de cette belle
âme. Elle m'appelle toujours mon
enfant chéri, ou mon cher *tourment*,
comme dans le temps où j'allais
me faire gronder dans sa cellule[1].

Il y a beaucoup d'esprit, de gaieté
ou de grâce dans les lettres de
jeunes filles que j'ai conservées.
Pour détacher un point un peu
plus brillant sur la trame lourde
et triste de mon récit, je citerai
quelques extraits de la manière es-

[1] Dans une de ces lettres, elle me raconte
comme quoi Clary de Faudoas a manqué mettre
le feu à sa cellule, pour fêter, par des illumina-
tions, la naissance du petit duc (Henri V). Je
cite ce petit fait comme une date dans mon récit.

piègle et charmante d'une de ces
aimables compagnes.

A., 5 avril 21.

« Je t'envie bien, chère Aurore,
le plaisir de courir les champs à
cheval. Je tourmente mon papa mi-
gnon pour qu'il me le procure, car
je rêve de me voir une casquette
sur l'oreille. J'ai arraché sa pro-
messe. En attendant, j'arpente à
pied notre immense jardin de la
préfecture. *Figure-toi, ma chère,*
comme nous disions à la classe,
qu'il s'y trouve des plaines, des al-
lées droites, des terrasses d'une lon-
gueur inouïe, et des tours qui do-
minent une espèce de promenade où

il passe beaucoup de monde, et où
je vas souvent regarder. Comme la
préfecture était autrefois une ab-
baye, il y a encore dans une partie du jardin entourée de murs, et
qui est comme un grand jardin sé-
paré du reste, de vieilles ruines
d'église couvertes de lierre, des ifs
taillés en pointe, et de longues al-
lées sombres, bordées de grands
tilleuls. Tout rappelle les moines
dans cet endroit où rien n'a été
changé, et je me les représente lisant leurs offices sous ces ombrages
où j'aime à rêvasser ou à répéter
les vers du Tasse.

» Ceux du Dante, que tu m'as
envoyés, m'ont semblé magnifiques,

et je ne peux me lasser de les re-
lire. — Non vraiment, je ne chante
plus :

> Già riede la primavera,
> Col suo fiorito aspetto.

Mais j'aime toujours monsieur l'abbé
Métastase.

» Bonsoir, ma petite Aurore. Je
vais me coucher, bien qu'il ne soit
que neuf heures et demie, car je ne
me sens pas disposée du tout à
passer, comme toi, les nuits à travailler. Je n'ai pas d'ardeur et n'en
prends que pour mon plaisir. . . . .
. . . . »

. . . . . 17 juin . . . .

« J'ai été, il y a quelques jours,
à ce qu'on appelle ici un *tantarare*.
C'est une société composée de personnes âgées qui jouent au boston
dans un salon fort peu éclairé.
Quelques jeunes personnes, qui ont
suivi leurs mères, bâillent ou en
meurent d'envie. Pour moi, mon
sort a été supportable. Je me suis
trouvée, par hasard, auprès d'une
jeune dame aimable et de mon âge.
Nous avons beaucoup bavardé. Tu
aurais été étonnée de nous entendre
raisonner sur l'histoire de France!
Comme je n'y suis pas des plus fer-
rées, j'ai jeté la conversation sur ce
qui m'en plaît le mieux, sur le

temps de la chevalerie. Nous avons
cherché alors des hommes dignes
du beau titre de chevaliers dans
ceux que nous connaissons, et nous
n'avons pas pu en trouver plus de
deux ou trois. Il fallait leur donner
des dames : la chose nous parut
trop difficile, quoique, au fond, cha-
cune de nous pensât que c'était elle.

« Tu me demandes si je versifie
encore. Vraiment non. J'ai laissé ce
goût au couvent, où je ne pouvais
avoir à chanter d'autres romances
que celles que je composais moi-
même. Maintenant ce n'est pas un
petit plaisir pour moi de pouvoir
chanter toutes celles que je veux.

. . . .

„ Comment! tu tires le pistolet
dans une cible, avec ton ami Hip-
polyte? Et moi qui me vantais à toi
de brûler de la poudre! Décidément
tu es bien plus gâtée que moi, et
je vas m'en plaindre à mon papa,
qui me refuse des balles. Il croit
que le bruit et le feu me suffiront
longtemps! — Par exemple, je déteste toujours le travail d'aiguille.
Je le reconnais pourtant bien nécessaire à une femme; mais j'ai trouvé
un ouvrage qui me plaît : c'est de
filer. J'ai un petit rouet charmant,
avec une belle quenouille d'ébène,
qui vaut bien la quenouille de bois
de rose d'*Amélie*, dans *Gaston de
Foix*. — Mais que tu es donc heureuse d'avoir un cheval à toi! Je

n'ai, en fait de bêtes, qu'une tour-
terelle qui se charge de me réveiller
le matin en volant sur mon lit. —
Je ne partage guère ton désir sin-
gulier de retourner au couvent. En
fait de religieuses, je n'aimais que
Poulette; mais la nouvelle supérieure, point. Je m'étonne toujours
que tu puisses supporter son souvenir et ne pourrais m'attacher à elle
que pour l'amour de Dieu. — J'ai
eu des nouvelles de G***. Elle est
au Sacré-Cœur, et toujours mé-
chante comme elle l'était chez nous.
C'est encore quelqu'un que tu aimais et que je ne peux pas souffrir.
Il paraît qu'elle se plaît beaucoup,
dans cette nouvelle pension, à ra-
conter tous les affreux tours qu'elle

jouait à nos vieilles locataires de la
rue des Boulangers. »

27 septembre . . . .

« . . . . . . Je n'ai plus de nouvelles de notre couvent que par toi,
et tu es la seule avec qui je puisse
me livrer un peu à mon babil, car
l'inspection des lettres par madame
Eugénie m'empêche d'écrire davantage aux amies que nous y avons
laissées. Cela mettrait trop de con-
trainte dans mes lettres. Par exemple, je ne me risquerais pour rien
au monde à leur parler de M. de
la ***, qui est maintenant le seul
beau danseur du régiment du Cal-
vados, M. de Lauzun étant absent.

» Tu te représenteras facilement le premier, quand je te dirai qu'il me ressemble comme deux gouttes d'eau, surtout au bal, où nous avons tous deux de très-vives couleurs. Nous sommes de la même taille. Il jouit, comme moi, d'un honnête embonpoint. Il a des cheveux blondasses, et des petits yeux bleus mal ouverts. Enfin, quand nous dansons ensemble, on le prendrait pour mon frère. Maman dit que si elle s'était mariée deux ou trois ans plus tôt, elle aurait pu avoir un fils *aussi charmant.*

» Au dernier bal où j'ai été, il y avait trois officiers, dont M ***. Celui-là avait de grands pantalons

rouges et des petits brodequins
verts, qui me donnaient grande envie qu'il me fit danser; mais c'est
un désir qu'il n'a pas partagé. . . .
On ne danse pas pendant l'Avent.
Maman a donné des concerts où
nous avons brillé, comme tu penses. J'avais très-peur, mais le public d'ici ne s'y connaît guère. Ma
harpe est très-bonne, quoique pas
plus grande que la tienne, au couvent. Elle a des sons charmants.
Elle est en bois satiné gris et toute
dorée. Je chante toujours un peu,
et on met mon peu de voix sur le
compte de ma timidité. »

18 janvier 1822.

« Il est plus de trois heures. Je
sors du bal, et pendant que la
femme de chambre déshabille maman, j'ai le temps de commencer
une lettre pour ma petite Aurore.
Puisque les extrêmes se cherchent,
j'aime à babiller avec toi, et je
veux te conter tout chaud, tout
bouillant, mes plaisirs de ce soir.
Hélas! malgré tout ce que je t'en
dis pour te monter la tête, ils n'ont
pas été sans mélange. J'ai encore
dansé avec tout le monde, excepté
avec ces petites bottes vertes qui
m'avaient déjà tentée. Et comme les
difficultés augmentent les fantaisies,
j'en ai plus envie que jamais. J'ai

17.

grand besoin de me reposer après
trois bals de suite. C'est une vie
désordonnée, et tu as peut-être bien
raison de n'en pas désirer une pa-
reille. Mais passer l'hiver seule à
la campagne! pour cela, c'est ef-
frayant, et je ne m'en sentirais pas
le courage. La vie est toute couleur
de rose autour de moi, et je me
figure que la réflexion me rendrait
triste. »

La personne qui m'écrivait ainsi
était extrêmement jolie, malgré les
moqueries qu'elle fait d'elle-même.
Elle était un peu grasse et un peu
louche, il est vrai; mais cela ne
l'empêchait pas d'être légère dans
sa démarche et d'avoir le plus doux

regard et les plus jolis yeux. Elle avait peu de voix, en effet, mais chantait d'une manière ravissante. C'était une nature narquoise, remplie de bienveillance, et voyant en toutes choses le côté comique. Elle avait de grandes originalités, aimant le plaisir sans coquetterie, et laissant prendre à son esprit un tour assez hardi quelquefois, sans manquer dans ses manières et dans ses actions à une réserve exquise.

Ces charmantes puérilités de jeune fille m'arrivaient quelquefois en même temps qu'une argumentation de philosophie matérialiste de Claudius et une exhortation pleine d'onction et de suavité de l'abbé de

Prémord. Ma vie intellectuelle était
donc bien variée, et si j'étais triste
souvent, je ne m'ennuyais du moins
jamais. Au contraire, même au milieu de mes plus grands dégoûts
de l'existence, je me plaignais de
la rapidité du temps qui ne suffi-
sait à rien de ce dont j'aurais
voulu le remplir.

J'aimais toujours la musique. J'a-
vais dans ma chambre un piano,
une harpe et une guitare. Je n'a-
vais plus le temps de rien étudier,
mais je déchiffrais beaucoup de par-
titions. Cette impossibilité où j'étais
d'acquérir un talent quelconque
m'assurait du moins une source de

jouissances en m'habituant à lire et
à comprendre.

Je voulais aussi apprendre la géo-
logie et la minéralogie. Deschartres
remplissait ma chambre de moel-
lons. Je n'apprenais rien qu'à voir
et à observer les détails de la créa-
tion sur lesquels il attirait mes re-
gards; mais le temps manquait toujours. Il eût fallu que notre chère
malade pût guérir.

Vers la fin de l'automne, elle
devint très-calme, et je me flattais
encore; mais Deschartres regardait
cette amélioration comme un nouveau pas vers la dissolution de
l'être. Ma grand'mère n'était pour-

tant pas d'un âge à ne pouvoir se
relever. Elle avait soixante-quinze
ans, et n'avait été malade qu'une
fois déjà dans toute sa vie. L'épui-
sement de ses forces et de ses facultés était donc assez mystérieux.
Deschartres attribuait cette absence
de puissance réactive à la mauvaise
circulation de son sang dans un
système de vaisseaux trop étroits.
Il fallait l'attribuer plutôt à l'absence
de volonté et d'épanouissement moral, depuis l'affreux chagrin de la
perte de son fils.

Tout le mois de décembre fut
lugubre. Elle ne se leva plus et
parla rarement. Cependant, habitués
à être tristes, nous n'étions pas ter-

rifiés. Deschartres pensait qu'elle
pouvait vivre longtemps ainsi dans
un engourdissement entre la mort
et la vie. Le 22 décembre, elle me
fit lever pour me donner un cou-
teau de nacre, sans pouvoir expliquer pourquoi elle songeait à ce
petit objet et voulait le voir dans
mes mains. Elle n'avait plus d'idées
nettes. Cependant elle s'éveilla encore une fois pour me dire : « *Tu
perds ta meilleure amie.* »

Ce furent ses dernières paroles.
Un sommeil de plomb tomba sur
sa figure calme, toujours fraîche et
belle. Elle ne se réveilla plus et
s'éteignit sans aucune souffrance, au

lever du jour et au son de la cloche de Noël.

Nous n'eûmes de larmes ni Deschartres ni moi. Quand le cœur
eut cessé de battre et le souffle de
ternir légèrement la glace, il y avait
trois jours que nous la pleurions
définitivement, et, en ce moment
suprême, nous n'éprouvions plus que
la satisfaction de penser qu'elle avait
franchi sans souffrance du corps et
sans angoisses de l'âme le seuil
d'une meilleure existence. J'avais re-
douté les horreurs de l'agonie : la
Providence les lui épargnait. Il n'y
eut point de lutte entre le corps et
l'esprit pour se séparer. Peut-être
que déjà l'âme était envolée vers

Dieu, sur les ailes d'un songe qui
la réunissait à celle de son fils, tandis que nous avions veillé ce corps
inerte et insensible.

Julie lui fit une dernière toilette,
avec le même soin que dans les
meilleurs jours. Elle lui mit son
bonnet de dentelle, ses rubans, ses
bagues. L'usage chez nous est d'en-
terrer les morts avec un crucifix et
un livre de religion. J'apportai ceux
que j'avais préférés au couvent.
Quand elle fut parée pour la
tombe, elle était encore belle. Aucune contraction n'avait altéré ses
traits nobles et purs. L'expression en
était sublime de tranquillité.

Dans la nuit, Deschartres vint m'appeler, il était fort exalté et me dit d'une voix brève : « Avez-vous du courage? Ne pensez-vous pas qu'il faut rendre aux morts un culte plus tendre encore que celui des prières et des larmes? Ne croyez-vous pas que de là-haut ils nous voient et sont touchés de la fidélité de nos regrets? Si vous pensez toujours ainsi, venez avec moi. »

Il était environ une heure du matin. Il faisait une nuit claire et froide. Le verglas, venu par-dessus la neige, rendait la marche si difficile, que, pour traverser la cour et entrer dans le cimetière qui y touche, nous tombâmes plusieurs fois.

« Soyez calme, me dit Deschartres
toujours exalté sous une apparence
de sang-froid étrange. Vous allez
voir celui qui fut votre père. »
Nous approchâmes de la fosse ouverte pour recevoir ma grand'mère.
Sous un petit caveau, formé de
pierres brutes, était un cercueil que
l'autre devait rejoindre dans quelques heures.

« J'ai voulu voir cela, dit Deschartres, et surveiller les ouvriers
qui ont ouvert cette fosse dans la
journée. Le cercueil de votre père
est encore intact; seulement les
clous étaient tombés. Quand j'ai été
seul, j'ai voulu soulever le couvercle.
J'ai vu le squelette. La tête s'était

détachée d'elle-même. Je l'ai soule-
vée, je l'ai baisée. J'en ai éprouvé
un si grand soulagement, moi qui
n'ai pu recevoir son dernier baiser,
que je me suis dit que vous ne
l'aviez pas reçu non plus. Demain
cette fosse sera fermée. On ne la
rouvrira sans doute plus que pour
vous. Il faut y descendre, il faut
baiser cette relique. Ce sera un
souvenir pour toute votre vie. Quelque jour, il faudra écrire l'histoire
de votre père, ne fût-ce que pour
le faire aimer à vos enfants qui ne
l'auront pas connu. Donnez maintenant à celui que vous avez connu
à peine vous-même, et qui vous aimait tant, une marque d'amour et
de respect. Je vous dis que là où

il est maintenant, il vous verra et
vous bénira. »

J'étais assez émue et exaltée moi-
même pour trouver tout simple ce
que me disait mon pauvre précep-
teur. Je n'y éprouvai aucune répu-
gnance, je n'y trouvai aucune bizarrerie, j'aurais blâmé et regretté
qu'ayant conçu cette pensée il ne
l'eût pas exécutée. Nous descendîmes
dans la fosse et je fis religieusement
l'acte de dévotion dont il me donna
l'exemple.

« Ne parlons de cela à personne,
me dit-il, toujours calme en apparence, après avoir refermé le cercueil et sortant avec moi du cime-

tière : on croirait que nous sommes
fous, et pourtant nous ne le sommes
pas, n'est-il pas vrai?

— Non certes, » répondis-je avec
conviction.

Depuis ce moment, j'ai observé
que les croyances de Deschartres
avaient complétement changé. Il
avait toujours été matérialiste et
n'avait pas réussi à me le cacher,
bien qu'il eût eu soin de chercher
dans ses paroles des termes moyens
pour ne pas s'expliquer sur la Divinité et l'immatérialité de l'âme humaine. Ma grand'mère était déiste,
comme on disait de son temps, et
lui avait défendu de me rendre

athée. Il avait eu bien de la peine à s'en défendre, et, pour peu que j'eusse été portée à la négation, il m'y aurait confirmée malgré lui.

Mais il se fit en lui une révolution soudaine et même extrême comme son caractère, car peu de temps après je l'entendis soutenir avec feu l'autorité de l'Église. Sa conversion avait été un mouvement du cœur, comme la mienne. En présence de ces froids ossements d'un être chéri, il n'avait pu accepter l'horreur du néant. La mort de ma grand'mère ravivant le souvenir de celle de mon père, il s'était trouvé devant cette double tombe écrasé sous les deux plus grandes douleurs de sa vie, et son âme ardente avait protesté, en dépit de sa raison froide, contre l'arrêt d'une éternelle séparation.

Dans la journée qui suivit cette nuit d'une étrange solennité, nous conduisîmes ensemble la dépouille de la mère auprès de celle du fils. Tous nos amis y vinrent et tous les habitants du village y assistèrent. Mais le bruit, les figures hébétées, les batailles des mendiants qui, pressés de recevoir la distribution d'usage, nous poussaient jusque dans la fosse pour se trouver les premiers à la portée de l'aumône, les compliments de condoléance, les airs de compassion fausse ou vraie,

les pleurs bruyants et les banales
exclamations de quelques serviteurs
bien intentionnés, enfin tout ce qui
est de forme et de regret extérieur
me fut pénible et me parut irréli-
gieux. J'étais impatiente que tout ce
monde fût parti. Je savais un gré
infini à Deschartres de m'avoir amenée là, dans la nuit, pour rendre
à cette tombe un hommage grave
et profond.

Le soir, toute la maison, vaincue
par la fatigue, s'endormit de bonne
heure, Deschartres lui-même, brisé
d'une émotion qui avait pris une
forme toute nouvelle dans sa vie.

Je ne me sentis pas accablée.

18.

J'avais été profondément pénétrée
de la majesté de la mort ; mes
émotions, conformes à mes croyances, avaient été d'une tristesse pai-
sible. Je voulus revoir la chambre
de ma grand'mère et donner cette
dernière nuit de veille à son souvenir, comme j'en avais donné tant
d'autres à sa présence.

Aussitôt que tout le bruit eut
cessé dans la maison, et que je
me fus assurée d'y être bien seule
debout, je descendis et m'enfermai
dans cette chambre. On n'avait pas
encore songé à la remettre en
ordre. Le lit était ouvert, et le
premier détail qui me saisit fut
l'empreinte exacte du corps, que la

mort avait frappé d'une pesanteur
inerte et qui se dessinait sur le
matelas et sur le drap. Je voyais
là toute sa forme gravée en creux.
Il me sembla, en y appuyant mes
lèvres, que j'en sentais encore le
froid.

Des fioles à demi vides étaient
encore à côté de son chevet. Les
parfums qu'on avait brûlés autour
du cadavre remplissaient l'atmosphère. C'était du benjoin qu'elle
avait toujours préféré pendant sa
vie, et qui lui avait été rapporté
de l'Inde, dans une noix de coco,
par M. Dupleix. Il y en avait encore, j'en brûlai encore. J'arrangeai
ses fioles comme la dernière fois

elle les avait demandées; je tirai le
rideau à demi, comme il avait coutume d'être quand elle le faisait
disposer. J'allumai la veilleuse, qui
avait encore de l'huile. Je ranimai
le feu, qui n'était pas encore éteint.
Je m'étendis dans le grand fauteuil,
et je m'imaginai qu'elle était encore
là, et qu'en tâchant de m'assoupir
j'entendrais peut-être encore une fois
sa faible voix m'appeler.

Je ne dormis pas, et cependant
il me sembla entendre deux ou trois
fois sa respiration, et l'espèce de
gémissement, de réveil que mes
oreilles connaissaient si bien. Mais
rien de net ne se produisit à
mon imagination, trop désireuse de

quelque douce vision pour arriver
à l'exaltation qui eût pu la pro-
duire.

J'avais eu dans mon enfance des
accès de terreur à propos des spec-
tres, et au couvent il m'en était
revenu quelques appréhensions. Depuis mon retour à Nohant, cela
s'était si complétement dissipé, que
je le regrettais, craignant, quand je
lisais les poëtes, d'avoir l'imagination morte. L'acte religieux et ro-
manesque que Deschartres m'avait
fait accomplir la veille était de
nature à me ramener les troubles
de l'enfance; mais loin de là : il
m'avait pénétrée d'une désespérance
absolue de pouvoir communiquer

directement avec les morts aimés.
Je ne pensais donc pas que ma
pauvre grand'mère pût m'apparaître
réellement, mais je me flattais que
ma tête fatiguée pourrait éprouver
quelque vertige qui me ferait revoir
sa figure éclairée du rayon de la
vie éternelle.

Il n'en fut rien. La bise siffla au
dehors, la bouillotte chanta dans
l'âtre, et aussi le grillon, que ma
grand'mère n'avait jamais voulu laisser persécuter par Deschartres, bien
qu'il la réveillât souvent. La pen-
dule sonna les heures. La montre
à répétition, accrochée au chevet
de la malade, et qu'elle avait coutume d'interroger souvent du doigt,

resta muette. Je finis par ressentir une fatigue qui m'endormit profondément.

Quand je m'éveillai, au bout de quelques heures, j'avais tout oublié, et je me soulevai pour regarder si elle dormait tranquille. Alors le souvenir me revint avec des larmes, qui me soulagèrent, et dont je couvris son oreiller toujours empreint de la forme de sa tête. Puis je sortis de cette chambre, où les scellés furent mis le lendemain et qui me parut profanée par les formalités d'intérêt matériel.

CHAPITRE VINGTIÈME.

Mon tuteur. — Arrivée de ma mère et de ma tante. —
Étrange changement de relations.

Mon cousin René de Villeneuve,
puis ma mère, avec mon oncle et
ma tante Maréchal, arrivèrent peu
de jours après. Ils venaient assister
à l'ouverture du testament et à la
levée des scellés. De la valeur de
ce testament allait dépendre mon

existence nouvelle; je ne parle pas
sous le rapport de l'argent, je n'y
pensais pas, et ma grand'mère y
avait pourvu de reste; mais sous le
rapport de l'autorité qui allait suc-
céder pour moi à la sienne.

Elle avait désiré, par-dessus tout,
que je ne fusse point confiée à
ma mère, et la manière dont elle
me l'avait exprimé, à l'époque de
pleine lucidité où elle avait rédigé
ses dernières volontés, m'avait for-
tement ébranlée. « Ta mère, m'a-
vait-elle dit, est plus bizarre que tu
ne penses, et tu ne la connais pas
du tout. Elle est si inculte qu'elle
aime ses petits à la manière des
oiseaux, avec de grands soins et de

grandes ardeurs pour la première enfance; mais quand ils ont des ailes, quand il s'agit de raisonner et d'utiliser la tendresse instinctive, elle vole sur un autre arbre et les chasse à coups de bec. Tu ne vivrais pas à présent trois jours avec elle sans te sentir horriblement malheureuse. Son caractère, son éducation, ses goûts, ses habitudes, ses idées te choqueront complétement, quand elle ne sera plus retenue par mon autorité entre vous deux. Ne t'expose pas à ces chagrins, consens à aller habiter avec la famille de ton père, qui veut se charger de toi après ma mort. Ta mère y consentira très-volontiers, comme tu peux déjà le

pressentir, et tu garderas avec elle
des relations douces et durables que
vous n'aurez point si vous vous rap-
prochez davantage. On m'assure que,
par une clause de mon testament,
je peux confier la suite de ton éducation et le soin de t'établir à René
de Villeneuve, que je nomme ton
tuteur; mais je veux que tu ac-
quiesces d'avance à cet arrangement,
car madame de Villeneuve surtout
ne se chargerait pas volontiers d'une
jeune personne qui la suivrait à
contre-cœur. »

A ces moments de courte mais
vive lueur de sagesse, ma grand'-
mère avait pris sur moi un empire
complet. Ce qui donnait aussi beau-

coup de poids à ses paroles, c'é-
tait l'attitude singulière et même
blessante de ma mère, son refus de
venir me soutenir dans mes angoisses, le peu de pitié que l'état
de ma grand'mère lui inspirait, et
l'espèce d'amertume railleuse, parfois menaçante, de ses lettres rares
et singulièrement irritées. N'ayant
pas mérité cette sourde colère qui
paraissait gronder en elle, je m'en
affligeais, et j'étais forcée de constater qu'il y avait chez elle soit de
l'injustice, soit de la bizarrerie. Je
savais que ma sœur Caroline n'é-
tait point heureuse avec elle, et ma
mère m'avait écrit : « Caroline va
se marier. Elle est lasse de vivre
avec moi. Je crois, après tout, que

XIV.   19

je serai plus libre et plus heureuse
quand je vivrai seule. »

Mon cousin était venu bientôt
après passer une quinzaine avec
nous. Je crois que pour se bien
décider, ou tout au moins pour décider sa femme à se charger de
moi, il avait voulu me connaître
davantage. De mon côté, je désirais
aussi connaître ce père d'adoption
que je n'avais pas beaucoup vu depuis mon enfance. Sa douceur et la
grâce de ses manières m'avaient
toujours été sympathiques; mais il
me fallait savoir s'il n'y avait pas
derrière ces formes agréables un
fond de croyances quelconques, in-

conciliables avec celles qui avaient
surgi en moi.

Il était gai, d'une égalité charmante de caractère, d'un esprit aimable et cultivé, et d'une politesse
si exquise que les gens de toute
condition en étaient satisfaits ou
touchés. Il avait beaucoup de litté-
rature, et une mémoire si fidèle
qu'il avait retenu, je crois, tous les
vers qu'il avait lus. Il m'interro-
geait sur mes lectures, et dès que
je lui nommais un poëte, il m'en ré-
citait les plus beaux passages d'une
manière aisée, sans déclamation,
avec une voix et une prononciation
charmantes. Il n'avait point d'intolérance dans le goût et se plaisait

à Ossian aussi bien qu'à Gresset. Sa
causerie était un livre toujours ouvert et qui vous présentait toujours
une page choisie.

Il aimait la campagne et la promenade. Il n'avait, à cette époque,
que quarante-cinq ans, et comme il
n'en paraissait que trente, on ne
manqua pas de dire à la Châtre,
en nous voyant monter à cheval
ensemble, qu'il était mon prétendu,
et que c'était une nouvelle imper-
tinence de ma part de courir seule
avec lui, *au nez du monde.*

Je ne trouvai en lui aucun des
préjugés étroits et des appréciations
mesquines des provinciaux. Il avait

toujours vécu dans le plus grand
monde, et mes *excentricités* ne le
blessaient en rien. Il tirait le pistolet avec moi, il se laissait aller à
lire et à causer jusqu'à deux ou
trois heures du matin; il luttait
avec moi d'adresse à sauter les
fossés à cheval; il ne se moquait
pas de mes essais de philosophie,
et même il m'exhortait à écrire,
assurant que c'était ma vocation, et
que je m'en tirerais agréablement.

Par son conseil, j'avais essayé de
faire encore un roman; mais celui-
ci ne réussit pas mieux que ceux
du couvent. Il ne s'y trouva pas
d'amour. C'était toujours une fiction
en dehors de moi et que je sentais

ne pouvoir peindre. Je m'en amusai
quelque temps et y renonçai au
moment où cela tournait à la dis-
sertation. Je me sentais pédante
comme un livre, et, ne voulant pas
l'être, j'aimais mieux me taire et
poursuivre intérieurement l'éternel
poëme de *Corambé*, où je me sentais dans le vrai de mes émotions.

En trouvant mon tuteur si con-
ciliant et d'un commerce si agréable, je ne songeais pas qu'une lutte
d'idées pût jamais s'engager entre
nous. A cette époque, les idées
philosophiques étaient toutes spécu-
latives dans mon imagination. Je
n'en croyais pas l'application générale possible. Elles n'excitaient ni

alarmes ni antipathies personnelles
chez ceux qui ne s'en occupaient
pas sérieusement. Mon cousin riait
de mon libéralisme et ne s'en fâchait
guère. Il voyait la nouvelle cour,
mais il restait attaché aux souvenirs de l'empire, et comme, en ce
temps-là, bonapartisme et libéralisme se fondaient souvent dans un
même instinct d'opposition, il m'a-
vouait que ce monde de dévots et
d'obscurantistes lui donnait des nau-
sées, et qu'il ne supportait qu'avec
dégoût l'intolérance religieuse et
monarchique de certains salons.

FIN DU TOME QUATORZIÈME.

TABLE

DU TOME QUATORZIÈME.

TROISIÈME PARTIE.
(*SUITE.*)

CHAPITRE DIX-SEPTIÈME.
(Suite.)

CHAPITRE DIX-HUITIÈME.

CHAPITRE DIX-NEUVIÈME.

CHAPITRE VINGTIÈME.

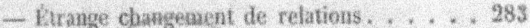